Das Hirschgraben Sprachbuch

Grundausgabe für Baden-Württemberg

6. Schuljahr

Erarbeitet von:
Jürgen Arnet, Ursula Burkhardt,
Günter Haardt, Ingeborg Kirsch, Rafael Luwisch,
Helmut Peiniger, Gisela Reuschling,
Heiner Schoch, Marlene Schommers,
Marianne Steigner, Thomas Steininger,
Gudrun Wietusch, Georg Zilliken

Wissenschaftliche Begleitung:
Gisela Reuschling

Übungstexte:
Kalla Wefel

Grafik:
Peter Beckhaus, Traudel Marks-Collet

Cornelsen

Inhaltsverzeichnis

Seite	
4	**Übersicht: Verteilung der Lehrplaninhalte**
6	**Erläuterungen zum Buch**

Thematische Einheiten

7	**1**	**So war das nicht gemeint …** Texte verstehen, erzählen, ausbauen
14	**2**	**Monotoga** Erzählen nach Reizwörtern
17	**3**	**Ob sie wirklich zaubern konnte?** Erzählen aus veränderter Sicht
22	**4**	**Briefkontakt gesucht** Sich anderen vorstellen
25	**5**	**Spielspaß** Spielanleitungen verstehen, verändern, erfinden, beschreiben
33	**6**	**Bücher, Bücher, Bücher …** Ein Buch auswählen/Ein Buch vorstellen/Wegbeschreibung
39	**7**	**Carla Holmes, Kriminalkommissarin** Ein Problem lösen/Informationen nutzen
42	**8**	**Versteh mich doch!** Diskutieren, Diskussionsregeln
46	**9**	**Spielen ohne Worte** Pantomime
50	**10**	**Helft den Schmetterlingen!** Informationen beschaffen und veröffentlichen
62	**11**	**Texte überarbeiten** Übungen zur Verbesserung von Texten
72	**12**	**Schreib doch mal!** Schreibspiele und freies Schreiben

Arbeitstechniken

78	Wortlisten abschreiben, Texte abschreiben
79	Stichwörter
80	Dosendiktat, Laufdiktat, Lautlos-Diktat
82	Im Wörterbuch/Postleitzahlenbuch nachschlagen

84	Mit Wortlisten üben
85	Auf Wortbausteine achten
86	Substantive an ihren Bausteinen erkennen
88	Adjektive an Nachsilben erkennen
89	Vorsilben
90	Wörter verlängern
91	Das verwandte Wort suchen

Rechtschreiben: An Fehlerschwerpunkten üben

93	Substantivierung von Verben und Adjektiven
94	Wörter mit pf, qu, chs, x, v
97	Dehnung: Wörter mit -ie-
98	Doppelte Konsonanten
100	Wörter mit ss – ß
101	Wörter mit -as, -is, -us
102	Lang gesprochene Vokale: Dehnung mit -h-
104	Großschreibung: Substantive
105	Groß- und Kleinschreibung von Zeitangaben
106	Sil-ben-tren-nung
108	Zeichensetzung: Komma bei Aufzählungen
110	Zeichensetzung: Die Zeichen bei der direkten Rede
111	**Übungstexte**

Sprachbetrachtung und Grammatik

116	**Eulenspiegel kann's nicht lassen** Redewendungen, Wortbedeutungen
118	**Diese Hexe!** Zeitformen des Verbs
124	**Wo ist was?** Präpositionen
126	**Ist die Insel bunt oder groß oder laut oder …?** Zusammensetzung bei Adjektiven, Satzglieder: Objekte, Attribut als Satzgliedteil
128	**Wer blickt durch?** Satzglieder, Adverbiale Bestimmungen
130	**Und wo finde ich die Bücher?** Relativsatz, Relativpronomen, Zeichensetzung

132	**Schlüsselteil**
135	**Text- und Bildquellenverzeichnis**

4 Verteilung der Lehrplaninhalte

Thematische Einheit	Sprechen, Schreiben, Spielen	Sprachbetrachtung und Grammatik
1 So war das nicht gemeint … S. 7–13	*FTh: Geschichten aus der Vergangenheit* **Mündliches und schriftliches Erzählen Schwank/Sage** S. 7–13 Schreiben, ausgehend von Texten bzw. Textteilen S. 8–10 Erzählschritte S. 8, 10 Spielübungen S. 8 Beschaffen und Weitergeben von Informationen S. 11, 13	Verb: Präteritum S. 10 Bedeutungslehre S. 116, S. 117 Redensarten S. 7, 9
2 Monotoga S. 14–16	**Mündliches und schriftliches Erzählen** Ideenkette S. 14–16	Zusammensetzungen bei Adjektiven S. 16, 126 Übungstext S. 113 Objekte, Attribute S. 127
3 Ob sie wirklich zaubern konnte? S. 17–21	**Erzählen und Beschreiben aus veränderter Perspektive** Schreiben, ausgehend von Texten S. 19–21 Spielübung S. 21 Darstellung von Handlungsmotiven S. 21	Präsens S. 118 Präteritum S. 119 Perfekt S. 120 Plusquamperfekt S. 21, 121 Futur S. 122 Zeitformenübersicht S. 123 Übungstexte S. 112, 114
4 Briefkontakt gesucht S. 22–24	**Sprachlicher Umgang mit anderen** Briefe und Anzeigen S. 22–24 Beschaffen und Weitergeben von Informationen S. 24	Anredepronomen S. 23 Fragewörter S. 24
5 Spielspaß S. 25–32	**Sprachlicher Umgang mit anderen** Ideen sammeln, auswerten S. 32 Beschaffen und Weitergeben von Informationen S. 32 Spielübung, basteln S. 26 **Beschreiben** Spielregeln erfinden, verändern, beschreiben S. 26, 28, 32 Spielanleitung verstehen S. 25 Beschreiben aus veränderter Perspektive S. 28	Verb: Personalformen S. 26 Zusammengesetzte Substantive (Grundwort/Bestimmungswort) S. 27 Präpositionen: S. 29, S. 124–125
6 Bücher, Bücher, Bücher … S. 33–38	**Sprachlicher Umgang mit anderen** Äußern und Begründen von Anregungen, Aufforderungen, Erfahrungen und Meinungen S. 33–35 Beschaffen und Weitergeben von Informationen: Karteikarten S. 33–36 **Beschreiben** Wegbeschreibung S. 37–38	Relativpronomen S. 38 S. 130 Relativsatz S. 130–131
7 Carla Holmes, Kriminalkommissarin S. 39–41	**Beschaffen und Weitergeben von Informationen** Listen, Tabellen S. 39–41	Adverbiale Bestimmungen S. 128, 129
8 Versteh mich doch! S. 42–45	**Sprachlicher Umgang mit anderen** Wünsche, Bitten, Äußern und Begründen von Anregungen, Aufforderungen, Erfahrungen, Meinungen und Beschwerden S. 42–45 Argumentieren S. 42–45 Gesprächsregeln, Rollenspiel S. 45	
9 Spielen ohne Worte S. 46–49	Spielübungen: Pantomimisches Spiel S. 46–49	
10 Helft den Schmetterlingen! S. 50–61	Wiedergeben von Stimmungen S. 51 Sachbezogenes Sprechen, Beschreiben S. 51, 53 **Beschaffen und Weitergeben von Informationen** Informationen entnehmen S. 52, 53 Informationen sammeln, ordnen S. 54–56 Wandzeitung S. 56–59 Untersuchen, Begründen, Informieren S. 57, 58 Arbeitsplan S. 59 Beobachten und Beschreiben S. 59 Darstellendes Spiel S. 61	Fachausdrücke S. 53 Wortbildung S. 56
11 Texte überarbeiten S. 62–71	Arbeitsschritte zur Überarbeitung von Texten S. 62–71	Personalpronomen S. 63 Satzanfänge, Satzverknüpfungen S. 64 Direkte Rede S. 67 Zeitformen S. 69
12 Schreib doch mal! S. 72–77	Fantasieerzählung, Sprachspiele S. 72–77	

Verteilung der Lehrplaninhalte 5

Rechtschreiben: An Fehlerschwerpunkten üben		Arbeitstechniken		Literatur und andere Texte	
Zeichen bei der direkten Rede	S. 110, 112	Stichwörter Texte überarbeiten	S. 12, 79 S. 62–71	Schwänke Geschichten/Sagen	S. 7–10 S. 11–13
Schreibung zusammengesetzter Adjektive	S. 16, 113	Texte überarbeiten	S. 66	Prosatexte	S. 14–16
		Mit Wortlisten üben Stichwörter	S. 19, 20, 84 S. 21, 79	Erschließen von Texten	S. 17–18
Schreibung der Anredepronomen in Briefen Komma bei Aufzählungen	S. 22, 23 S. 24, 108–109	Mit Wortlisten üben, Abschreiben Stichwörter Nachschlagen	S. 23, 78, 84 S. 23, 79 S. 24, 83		
Großschreibung der Substantive	S. 27, 29, 104	Stichwörter Substantive an ihren Bausteinen erkennen	S. 26, 32, 79 S. 27, 86–87	Erschließen von Texten	S. 17–18
		Nach dem Alphabet ordnen Stichwörter Wegskizze	S. 36, 83 S. 37, 79 S. 38	Erschließen von Texten, Klappentexte	S. 33, 34
		Tabellen, Sizzen	S. 40, 41	Erschließen von Texten	S. 39
		Stichwörter	S. 45, 83	Inhaltliche Probleme Konflikte	S. 42–45
Fachwortschatz Komma bei Aufzählungen Anredepronomen	S. 52–55 S. 57, 108–109 S. 57, 23	Nachschlagen Mit Wortlisten üben Stichwörter	S. 53–55, 82 S. 53, 55, 84 S. 59, 83	Erschließen von Sachtexten Erzählung	S. 52, 53, 55 S. 60, 61
Zeichen bei der direkten Rede	S. 64, 67, 110, 112	Texte überarbeiten	S. 62–71		

Erläuterungen zum Buch

Wortlisten

Hier stehen wichtige Wörter, die du üben sollst. Hilfen dazu findest du auf Seite 84.

Ich heiße einfach „Raupe". Ich helfe euch bei kniffligen Aufgaben.

Erinnert euch an Regeln! Mein Plakat hilft euch dabei.

→ S. ■
Auf dieser Seite kannst du weiterarbeiten.

Die Wörter im Pinnzettel helfen dir bei der Lösung einer Aufgabe.

Mit den

TIPPS → S. 62–71

lernst du, wie du deine Texte überarbeiten kannst.

Bei diesen Zeichen sollst du:

- Schreibaufgaben erledigen,
- mit deinem Nachbarn oder deiner Nachbarin zusammen arbeiten,
- mit deiner Tischgruppe zusammenarbeiten,
- deine Texte überarbeiten,
- im Wörterbuch nachschlagen,
- zwischen verschiedenen Aufgaben wählen.

← Diese ist etwas kniffliger.

Erzählkern ausgestalten 7

1 So war das nicht gemeint…

Eulenspiegel soll im 14. Jahrhundert gelebt haben.
Die Geschichten (Schwänke) erzählen über ihn, dass er sich vor allem mit Handwerksmeistern, Gelehrten und Reichen anlegte.

1 Sucht in Lesebüchern nach verschiedenen Eulenspiegelgeschichten und lest sie.
a) Wie stellt ihr euch Till Eulenspiegel vor?
b) Was hat er getan?
c) Besprecht, was daran so witzig ist.

➡ S. 116

2 … „Schmier mir die Kutsche gut, denn gut geschmiert fährt besser", befahl ihm sein neuer Herr.
„Ich will mich ein Stündchen niederlegen, damit ich wohl ausgeruht meinen hohen Gast abholen kann."
Mit diesen Worten ließ er Eulenspiegel stehen und ging ins Haus. …

Wie ist dieser Auftrag gemeint?

| schmieren |
| nieder |
| dieser |
| ließ |
| Eulenspiegel |

➡ S. 97

| fährt |
| befahl |
| ausgeruht |
| hohe |
| wohl |
| stehen |

3 Könnt ihr euch denken, was Eulenspiegel machen wird?
a) Was denkt er, nachdem sein Herr ins Haus gegangen ist um sich auszuruhen?
b) Wie wird er den Auftrag seines Herrn ausführen?

➡ S. 102

4 Die Geschichte ist noch unvollständig.
Was fehlt?

8 Erzählschritte

Erzählanfang → **Erzählkern** → Erzählschluss

5 **Erzählanfang**

Eulenspiegel konnte seine Späße nicht lassen. Als er nach Erfurt kam, wo er bald mit Bürgern und Studenten bekannt wurde, …

Eulenspiegel kam nach Berlin und arbeitete als Schneidergeselle. …

Als nun Eulenspiegel nach Braunschweig kam zu der Bäckerherberge, da wohnte nebenbei ein Bäcker, …

a) Welche wichtigen Angaben enthalten diese Erzählanfänge?
b) Schreibe einen Erzählanfang zu „Gut geschmiert fährt besser". Denke dir dazu eine Ausgangssituation aus, in der eine gut geschmierte Kutsche notwendig ist, z. B.
Eines Tages wollte Eulenspiegels Herr so schnell wie möglich … .
Erzähle weiter.

TIPP 9 → S. 69

6 **Erzählkern**

Eulenspiegel führt den Auftrag auf seine Weise aus.
Ausgangssituation: Auftrag für Eulenspiegel
„Schmier mir die Kutsche …"

Stellt euch vor, wie Eulenspiegels Herr reagiert, als er in die Kutsche einsteigen will.

a) Was sagt er? Was denkt er? Wie sieht er aus?
b) Wie verhält sich Eulenspiegel?

7 **Erzählschluss**

Seine Streiche haben Eulenspiegel selten geschadet.

… Aber da war Eulenspiegel schon hinweg und der Bäcker hatte das Nachsehen.

… Da raffte Eulenspiegel seine Sachen zusammen und wanderte davon.

Schreibe einen Erzählschluss zu „Gut geschmiert fährt besser".

8 Spielt diesen Eulenspiegelschwank.

Meister
Eulenspiegel
Geselle
Achse
innen
außen
außer sich vor Wut
schadenfroh
schmierte
traute
schrie
grinste

Erzählkern ausgestalten

9 Wähle eine Erzählsituation aus und schreibe eine neue Eulenspiegelgeschichte.

Till, heute Nachmittag ziehst du mir die Mauer hoch!
Ja, Chef.

Morgen gehst du Trauben lesen!
Jawohl, Chef.

Du musst auch noch Salat stechen!
In Ordnung, Chef.

Und streich die Fenster!
Wird gemacht, Chef.

wütend, gelassen, lächelte, lief rot an, schnappte nach Luft,
traute seinen Augen nicht, scheinheilig, geduldig,
seine Stimme überschlug sich, tobte, schrie, blieb ruhig, schelmisch, freute sich diebisch

Die folgenden Hinweise können dir helfen:

→ S. 116

10 Erzählschritte

Eulenspiegel in einer anderen Stadt:
*kam nach ..., hielt sich auf ...,
Geselle, wohnte in ...,
war tätig, beschäftigt, in der Lehre,
diente, Malermeister, ...*

Sein Herr gibt ihm einen Auftrag:
*wirf den Motor an,
zieh die Mauer hoch,
stich Salat, streiche Fenster ...*

Eulenspiegel führt den Auftrag aus:
*bemalte, Farbe, Pinsel, hohe Leiter,
befahl, gebot, wies an, machte ab,
...*

Wie sein Herr darauf reagiert:
*traute seinen Augen nicht, lief rot an,
tobte, schrie wütend, regte sich auf,
schimpfte, jammerte, fühlte sich
betrogen, ...*

Schluss der Geschichte:
*grinste schadenfroh, blieb ruhig,
freute sich, zufrieden, packte
Sachen zusammen, verabschiedete
sich, beeilte sich, auf
Nimmerwiedersehen, verließ, ...*

TIPP 9 → S. 69

→ S. 119

10 In Eulenspiegelgeschichten stehen die meisten Verben im Präteritum:
Eulenspiegel kam nach ... . Er hielt sich in ... auf.

❗ Überprüfe, ob du in deinem Text ebenfalls an den richtigen Stellen das Präteritum gewählt hast.

11 In vielen Gegenden, Dörfern und Städten wird von Menschen erzählt, die ihren Mitmenschen Streiche spielten oder die einfach etwas Lustiges gesagt oder getan haben.
Frage deine Eltern oder Großeltern, lies im Heimatbuch nach oder suche in der Bücherei deiner Schule oder deines Wohnortes. Manchmal findet man auch in Lesebüchern solche Geschichten.

Aus Hallwangen, einem kleinen Ort in der Nähe von Freudenstadt, wird die folgende Geschichte erzählt:

Mitten im Ort, links von der Kirche, wohnte vor Jahrzehnten die Messnerin Marie Döttling. Ihr Messneramt war damals sehr aufwendig. So musste sie den Ofen in der Kirche noch mit Holz heizen, sodass manchmal der ganze Kirchenraum voll Rauch war. Die Glocken mussten ebenfalls stündlich von Hand geläutet werden, damit war die Marie Döttling wirklich den ganzen Tag beschäftigt. Einmal arbeitete sie so vertieft auf dem Feld, dass sie restlos vergaß um 11 Uhr zu läuten. Verstört sagte sie später zu ihrer Nachbarin: „O je, jetzt han i vergessa 11e läuta, hoffentlich hot's neamerd ghört."

12 Auch heute kommen manche auf originelle Ideen.
 Sucht nach Berichten von solchen ungewöhnlichen Menschen oder Begebenheiten in Zeitungen oder fragt Freunde und Verwandte.

 Nehmt die mündlichen Erzählungen mit dem Kassettenrekorder auf und spielt sie euren Mitschülern vor.

 Schreibe die erzählten Geschichten auf, die du erfahren hast. Vielleicht kannst du sogar die Orte fotografieren oder zeichnen, an denen sie gespielt haben.

 S. 110

12 Sagentext / Stichwörter

13 Im Schwarzwald, zwischen Pforzheim und Freudenstadt, liegt Nagold, ein altes Städtchen. Auf dem bewaldeten Schlossberg hoch über der Stadt sieht man heute noch die Reste einer alten Burg. Über ein Burgfräulein, das früher da oben lebte, wird die folgende Sage erzählt:

Die wüste Urschel

Auf dem Brunnen neben dem Nagolder Rathaus findet man eine merkwürdige Gestalt, eine Frau, aus rotem Sandstein gehauen, mit seltsam plumpen Gesichtszügen. Dies sei ein Abbild der wüsten Urschel, sagen die Leute, jener Grafentochter, die einst auf der Burg lebte. Das Mädchen war schon
5 als Kind zum großen Kummer der vornehmen und eitlen Eltern außerordentlich hässlich und wurde deshalb von ihnen recht stiefmütterlich behandelt. Das Gesinde lachte und spottete heimlich über das arme Ding und nannte es die wüste Urschel. Tagtäglich bekam das Mädchen die Verachtung der anderen zu spüren. Darüber war es betrübt und traurig, doch
10 trug es sein Geschick in der Stille und ohne Klage. Oft ging es allein über das Härle hinab zur Nagold, setzte sich dort auf einen Felsen im Wald und schaute stundenlang dem Wasser zu, das zu seinen Füßen still das Tal hinabfloss.
Als das Mädchen zur Jungfer herangewachsen war und erkannt hatte, dass
15 es Schlimmeres gibt als ein hässliches Gesicht, machte es sich zur Aufgabe, den Armen zu helfen und die Kranken zu pflegen. Mit Freuden verschenkte es, was es entbehren konnte um anderer Not zu lindern. Und mit Hingabe tat es auch die niedrigsten Dienste um anderen beizustehen.
Eines Tages fand man die Jungfer tot an ihrem Lieblingsplatz. Noch lange
20 trauerten die Nagolder um das Schlossfräulein, und wenn sie von der wüsten Urschel sprachen, so taten sie dies voll Ehrerbietung und Dankbarkeit.

> Bei **wüst** steht im Wörterbuch: anstößig, böse, übermütig, hässlich ...?

→ S. 79

a) Schreibe dir einige wichtige Wörter (Stichwörter) zu dem Text auf.
b) Erzähle mit Hilfe der Stichwörter die Sage nach.

Sagen erfinden 13

14 Erkundige dich, ob auch in deinem Heimatort oder in der Umgebung über einen Brunnen, ein altes Gemäuer, eine Höhle, eine Quelle, einen stillen See, ein unheimliches Waldstück oder über etwas Ähnliches eine Geschichte aus alter Zeit erzählt wird.

Vielleicht finde ich heraus, wie es kam, dass wir Raupen uns immer verpuppen müssen.

a) Schreibe diese alte Geschichte auf.
Überlegt gemeinsam mit eurem Kunstlehrer oder eurer Kunstlehrerin, wie ihr die Geschichten illustrieren könnt.

b) Wenn alle ihre Geschichten fertig haben, bindet sie zu einem gemeinsamen Buch. In das Buch können auch Fotos eingeklebt werden.

15 a) Zeichnet oder fotografiert eine Stelle in eurem Ort oder in der Umgebung, zu der ihr euch **selbst** eine solche Sage **ausdenken** könnt.
Schreibt auch diese Geschichte auf und fügt sie mit der Zeichnung oder dem Foto zusammen in das Sagenbuch ein.

Überarbeitet die Texte zuvor.
Korrigiert die Rechtschreibfehler.

„Fast jeder weiß, was in Hameln geschah vor 1000 und einem Jahr …"
…

„Ich weiß nicht, was soll es bedeuten, …"
…

b) Erkundigt euch bei eurem Musiklehrer oder eurer Musiklehrerin nach Liedern, Balladen, Moritaten, die alte Geschichten erzählen.

14 Reizwörter als Erzählhilfe

2 Monotoga

1 Zu diesem Bild sollst du eine Geschichte erfinden.

a) Schaue dir das Bild in Ruhe an.
Hast du Monotoga gefunden?

b) Schreibe nun ein Wort, das deiner Meinung nach zu diesem Bild passt, in die Mitte eines leeren Blattes.
Bewahre es gut auf, denn du brauchst es später noch.

Gewitterstimmung!

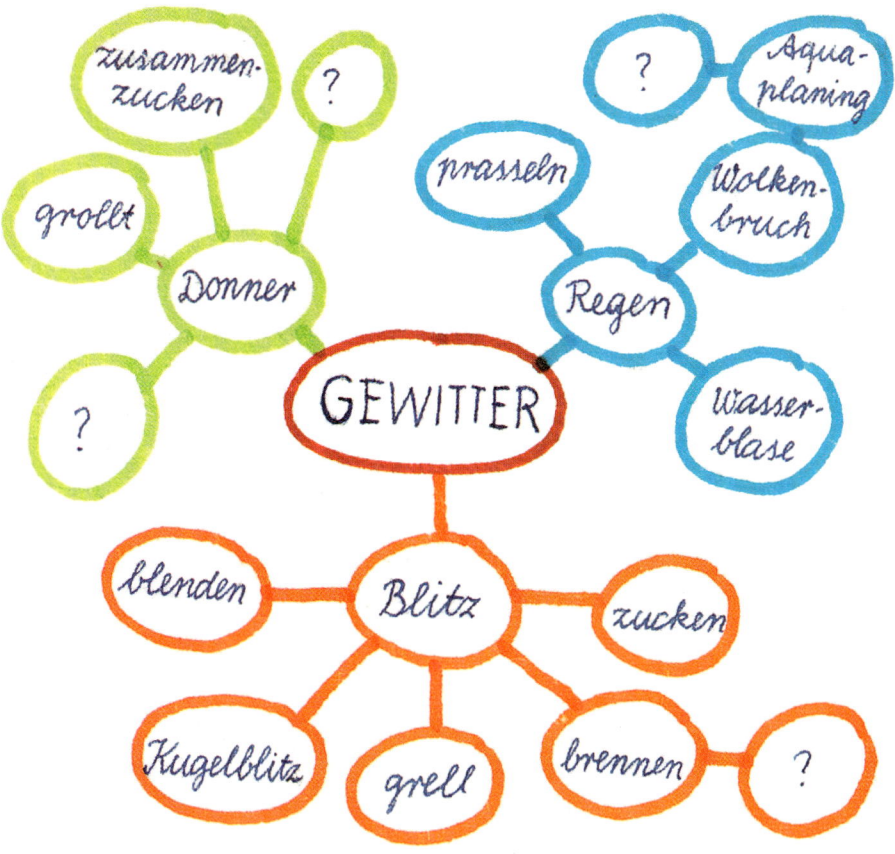

> So eine Ideenkette ist prima. Erst glaubt man ja, es fällt einem gar nichts ein. Und dann ...

2 Diese Wörter passen zu Gewittergeschichten.
Suche für die leeren Felder treffende Wörter.

Übertrage die Ideenkette in dein Heft und hänge weitere Felder mit passenden Wörtern an.

Bilde zu dem Wort Traum eine eigene Ideenkette.

3 Erfinde nun deine Ideenkette zu dem Wort, das du in Aufgabe 1 b) aufgeschrieben hast: Kreise es ein. Es können beliebig viele Verzweigungen mit beliebig vielen Feldern entstehen. Es kommt nur darauf an, was **dir** einfällt!

Wenn dir nichts zu dem Bild einfällt, kannst du dir zwei Wörter aus dem Pinnzettel aussuchen und in deine Ideenkette einbauen.

4 Schreibe nun **deine** Monotogageschichte auf.
Die Wörter deiner Ideenkette sollst du in Sätze einfügen.

Traum
Urlaub
Insel
Segelschiff
Geheimnis
Seeräuber
Schatzkiste
Südsee
Insulaner
Haie

 S. 126/127

16 Reizwörter als Erzählhilfe

riesen-, eis-, blitz-, wind-, klatsch-, …

→ S. 126

→ S. 113

Deine Geschichte wird noch besser, wenn du besonders auf die *Adjektive* achtest.

5 a) *dunkel* oder *stockdunkel* ?
   Bilde auch zusammengesetzte Adjektive mit:
   groß, schnell, nass, schief und kalt.

b) Schreibe auf, was zusammenpasst:
   die stockdunkle Nacht, …

c) Trage folgende und weitere Adjektive in eine Tabelle ein.

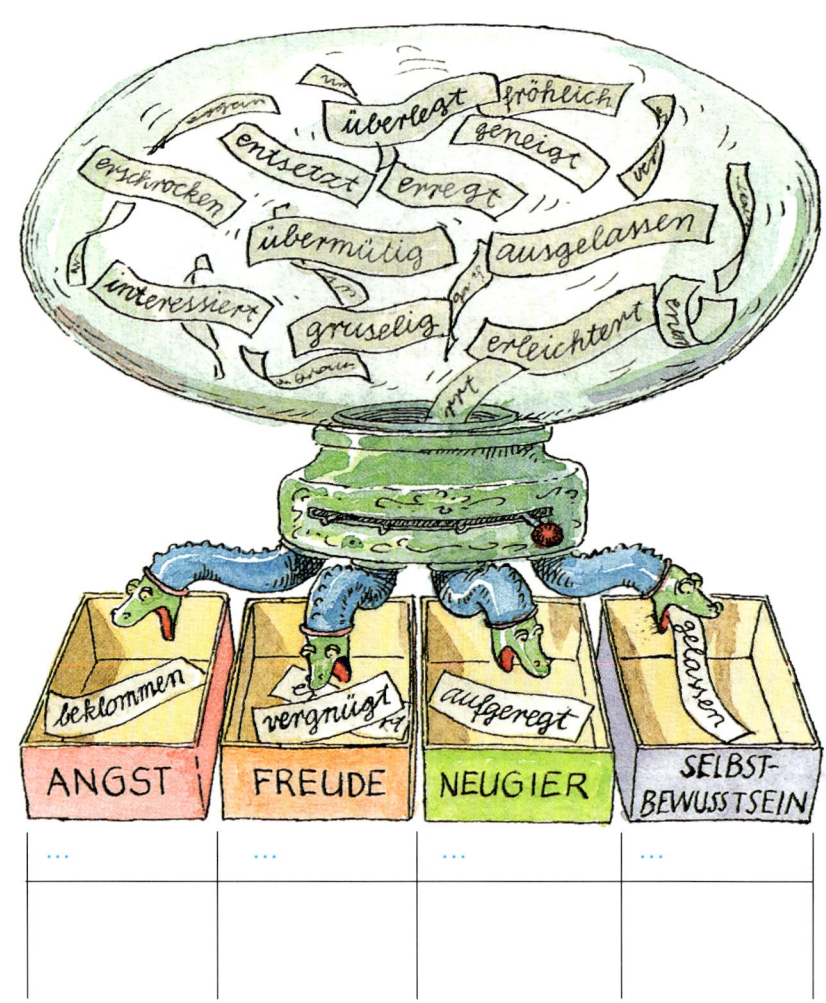

ANGST	FREUDE	NEUGIER	SELBST-BEWUSSTSEIN
…	…	…	…

6 Überarbeite nun deinen eigenen Text.
Überprüfe, ob du in deiner Geschichte die Adjektive abwechselnd verwendet hast und ob sie auch genau passen.

7 Überlege dir eine Überschrift, die genau zu **deinem** Text passt.

8 Lest euch eure Geschichten gegenseitig vor.
Ihr könnt sie auch im Klassenzimmer aufhängen, dann habt ihr Zeit sie nach und nach zu lesen.

3 Ob sie wirklich zaubern konnte?

Waldrun Behncke
Die Hexe

Jan hatte einen Freund und das war Willi Weseloh. Gleich wenn er aus der Schule kam, ging er zu Willi Weseloh hin. Willi Weseloh war der Hausmeister von dem Haus, in dem Jan wohnte.
Immer hatten sie etwas zu tun. „Na, Jan", sagte Willi Weseloh zum Beispiel, „dann wollen wir mal die Deckenlampe reparieren. Gib mir mal den Schraubenschlüssel Nummer fünf." Jan gab ihm den Schraubenschlüssel und dann schraubte Willi Weseloh die Lampe auf und sagte: „Ein Kurzschluss. Aha! Gib mir mal die Zange. So, jetzt stell die Sicherung aus."
Und so gab es immer etwas zu arbeiten. Oder: Willi Weseloh sagte: „Dein Rad, Jan. Sieht ja schlimm aus. Hol mal einen Lappen. Und ein bisschen Seifenlauge." Und dann putzten und wienerten sie an dem Rad herum, bis es ganz blank war.
Eines Tages sagte Willi Weseloh zu Jan: „Merkwürdig, merkwürdig. Komisches Geräusch. Geh mal ins Treppenhaus, Jan, guck nach, was es ist." Sie waren nämlich gerade im Schuppen. Jan ging ins Treppenhaus. Und da – auf der Treppe – sprang eine kleine Hexe herum.
„Ich bin eine böse Hexe", sagte sie, „und du bist der blöde Jan und gleich verhex' ich dich."
„In was denn?", sagte Jan.
„Das kommt darauf an", sagte die kleine Hexe, „ich glaub, ich verhex' dich in einen Pfannekuchen. Haha! Ich fresse dich, ich fresse dich!" Ihre Augen glitzerten gefährlich.
Jetzt wurde es Jan doch etwas unbehaglich. „I … in einen Pfannkuchen…", stotterte er.
„Mit Zucker und Zimt!", rief die Hexe. „Mit Paprika!" Und nun hüpfte sie und sprang sie mit dem Besen auf der Treppe herum. „Mit Pfeffer! Mit Pfeffer!"
Schon ging eine Tür auf. „Höi, was ist denn das hier für ein Lärm!" Willi Weseloh war es. „Na", sagte er, „neuerdings trampeln die Hexen im Treppenhaus rum. Das wird ja immer schöner." Er sah Jan an. „Habt ihr euch gestritten?" „Ich streite mich nicht mit einer Hexe", sagte er.
„Und du?", sagte Willi Weseloh zur kleinen Hexe. „Warst du böse?"
„Ja, war ich böse! Klar, war ich böse", rief die kleine Hexe begeistert. „Ich bin ja überhaupt so böse!"
„Aha", sagte er zur kleinen Hexe und packte sie am Kragen. „Dann geh dich mal waschen. Dahinten ist das Waschbecken."

Er schob sie in die Küche hinein, gab ihr Waschlappen, Seife und Handtuch und passte genau auf, dass sie sich auch ordentlich wusch.
Mit der Kleiderbürste wurde sie mal ordentlich abgestaubt und schließlich saß eine ganz nette gestriegelte Hexe in Willi Weselohs Lehnsessel.
Sie biss behaglich in ein Marmeladenbrot und blinzelte Jan an. Und da merkte Jan es aber: Es war gar keine richtige Hexe. Es war ein kleines Mädchen. Sie hieß Emma Manuela Priebe und wohnte bei ihm nebenan, gleich um die Ecke. Er hatte aber noch nie mit ihr gespielt, weil sie viel kleiner war als er. Sie ging noch nicht in die Schule.
Emma Manuela Priebe sah ihn von der Seite an und nahm einen großen Bissen vom Marmeladenbrot.
„Na, na, nicht so hastig", sagte Willi Weseloh.
„Nicht so hastig", äffte ihn Emma nach. Und dann holte sie ein Kaninchen aus ihrer Rocktasche. „Nicht so hastig", sagte sie zum Kaninchen, „nicht so hastig, mein Kind."
Das Kaninchen sah sie ängstlich an, aber sie stopfte es seelenruhig wieder zurück in ihre Rocktasche.
„Nanu", sagte Willi Weseloh, „was ist denn das?"
„Herr Höppner!", sagte Emma stolz. „Ich hab ihn natürlich verzaubert."
Jan kriegte einen Schreck. Herr Höppner war nämlich kein anderer als Jans Vater.
„Zeig das Kaninchen noch mal her", sagte Willi Weseloh.
Sie zog das Kaninchen wieder aus ihrer Tasche und setzte es auf den Tisch und da saß es und schnupperte ängstlich an einem Marmeladenglas.
Ob das wohl mein Vater ist?, dachte Jan. Das Kaninchen sah aber gar nicht wie sein Vater aus. Er war groß und hatte eine Brille.
„Äh … Äh …", sagte Jan, „warum hast du ihn denn verzaubert, angeblich?"
„Weil er frech war", sagte Emma zufrieden. „Er hat gesagt, ich kann nicht zaubern, und da hab' ich es natürlich gemacht."
Und dann griff sie nach dem Kaninchen und guckte es ganz verliebt an und gleichzeitig kniff sie ihm in den Schwanz. Das Kaninchen war jetzt ganz durcheinander. Aufgeregt sah es Jan an.
„Lass sofort das Kaninchen los!", sagte Jan. Aber da sagte Willi Weseloh: „So. Und jetzt bringst du es wieder in den Stall zurück. Wo du es herhast."
Es war nämlich Willi Weselohs eigenes Kaninchen, er hatte im Hof einen kleinen Kaninchenstall.
„Mach ich, mach ich ja", sagte Emma. Sie steckte das Kaninchen in ihre Rocktasche und auf einmal … stürzte sie sich mit einem schrecklichen und unheimlichen Gebrüll auf Willi Weselohs Klavier und spielte den Flohwalzer. Lachend lief sie dann hinaus.
„So", sagte Willi Weseloh, „und jetzt werden wir mal das Bord anbringen."
Aber Jan konnte sich gar nicht mehr darauf konzentrieren. Er musste immer an Emma denken. Was sie wohl jetzt Freches machte?
Ob sie wohl wirklich zaubern konnte?

Ein bisschen vielleicht?

Jan will sein Erlebnis seiner Mutter erzählen.

1. Suche die Stelle, an der Jan mit dem Erzählen beginnen muss.

2. a) Was geschah zuerst?
   b) Was passierte dann?
   c) Jan kann seine Geschichte auf verschiedene Art und Weise beenden.

3. a) Stelle dir vor, du wärst **Jan**. Erzähle, was du erlebt hast.
      Erzähle in der **Ich**-Form.
   b) Verändere die folgenden Sätze von S. 18 so, wie Jan sie erzählen würde:

   66 Ob das wohl mein Vater ist?, dachte Jan. Das Kaninchen sah aber gar nicht wie sein Vater aus. Er war groß und hatte eine Brille. …
   …
   73 Das Kaninchen war jetzt ganz durcheinander. Aufgeregt sah es Jan an.

4. Suche die Stellen im Text, wo Jan seiner Mutter seine **Gedanken und Gefühle** mitteilen kann.
   Schreibe sie auch in der Ich-Form auf.

5. Schreibe die Zeilen 18 – 29 so um, dass sie der Anfang der Geschichte sein können.

6. Erzähle die ganze Geschichte in der Ich-Form.

Erzählen aus veränderter Sicht **19**

TIPP 1 → S. 62

→ S. 118–123

Erinnerst du dich? **Erzählanfang**, **Erzählkern** in einzelnen Schritten und dann der **Erzählschluss!**

verhexen
wohnte
stopfte
konzentrieren
unbehaglich
erleichtert
durcheinander

→ S. 84

Herr Weseloh erzählt die Geschichte Jans Mutter.

→ S. 119

7 Welchen Teil der Geschichte hat Herr Weseloh miterlebt?
Was kann er nur vermuten?

TIPP 5 → S. 65

8 Der Hausmeister kennt Jan und Emma gut.
Er wird sie deshalb beim Erzählen etwas näher beschreiben.

Emma wird es nie langweilig.
...

Jan ist etwas ängstlich.
...

langweilig
beschäftigt
erschrocken
frech
ängstlich
laut
gefährlich
schmutzig
ruhig

9 Herr Weseloh wird seine Geschichte anders beenden als Jan.
Überlege einen passenden Schluss.

10 Herr Weseloh erzählt die ganze Geschichte aus seiner Sicht.

*Die Sache mit Emma war so:
Jan und ich...*

→ S. 84

Emma erzählt die Geschichte wieder anders.

Erzählen aus veränderter Sicht **21**

11 Wir wissen, was Jan gemacht hat, bevor er Emma traf.
Was könnte Emma vorher gemacht haben?
Warum wollte sie Jan einen Streich spielen?

12 Emma hat Jan beobachtet und gemerkt, wie er reagiert und sich fühlt.
Suche im Text auf S.17 u.18 die Stellen, die darüber etwas aussagen.

13 Emmas Geschichte endet natürlich anders als die von Jan oder Herrn
Weseloh. Mache Vorschläge in Stichwörtern.

→ S. 79

- *ich kniff Kaninchen*
- *Jan erschrocken*
- *Herr Weseloh …*

14 Erzähle die Geschichte aus Emmas Sicht.

▶ **Jans Mutter erzählt die Geschichte seinem Vater.**

Was Kinder so alles treiben. Und diese Fantasie! Hör nur, welche Geschichte Jan mir heute erzählt hat...

Wenn etwas noch **vor dem Präteritum** geschah, wird es im **Plusquamperfekt** erzählt:
Jan **hatte** Herrn Weseloh **geholfen**, bevor er Emma traf.

→ S. 121

15 Dass Jans Mutter die Geschichte von verschiedenen Personen kennt,
merkt man an ihrer Erzählung deutlich, z. B.:
*„Er glaubte, es sei eine Hexe, dabei war es nur Emma,
die ihm einen Streich spielen wollte."*
Erzähle die Geschichte von Jan, Emma und Herrn Weseloh so, wie sie
Frau Höppner abends ihrem Mann erzählt.

→ S. 119/120

16 Spielt die Geschichte und tauscht dabei mehrmals die Rollen.

4 Briefkontakt gesucht

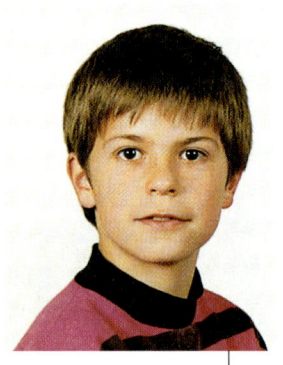

Tucson, 30.10.1993

Liebe Mädchen und Jungen der Klasse 6a,
hallo! Sicherlich erstaunt es euch, einen Brief aus Arizona zu erhalten, noch dazu von jemandem, den ihr nicht kennt. Hoffentlich freut es euch aber auch.
Ich heiße Christopher Jewett und wohnte bis August 1992 in Baden-Baden. Dort besuchte ich vier Jahre die Grundschule. Im Sommer 92 zogen meine Eltern, mein Bruder Martin und ich nach Tucson im US-Staat Arizona. Mein Vater fand hier eine neue Arbeit, er leitet einen Zeitungsverlag. Obwohl ich hier schnell neue Freunde fand, vermisse ich Deutschland sehr, besonders den Schwarzwald. Außerdem möchte ich die deutsche Sprache nicht verlernen.
Hier nun meine Fragen:
Wie gefällt euch die Schule? Habt ihr viele Hausaufgaben auf? Sind die Lehrer nett? Müsst ihr auch an Computern lernen? Hat die Fußballbundesliga schon begonnen? Wer hat die besten Chancen, Deutscher Meister zu werden? Welche Musikgruppen hört ihr am liebsten? Schreibt mir bitte, ja? Es würde mich riesig freuen. Bis bald, euer Christopher

Briefe schreiben
Anredepronomen 23

1 Christopher stellt sich in einem Steckbrief vor.
Schreibe einen Steckbrief von dir.

2 Für den Steckbrief einer Klasse braucht man andere Angaben.
Schreibe einen Steckbrief für deine Klasse.

Vergleicht eure Steckbriefe.

3 Was gibt es über deinen Wohnort Wichtiges zu berichten?
Notiere Stichwörter dazu.

4 Christopher hat viele Fragen gestellt.
Sprecht darüber und schreibt die Antworten kurz auf.

5 Was möchtest du von Christopher wissen? Sammelt die Fragen.

6 Schreibe einen Antwortbrief an Christopher.

STECKBRIEF

Name: Christopher Jewett
Geburtstag: 25.10.1984
Augenfarbe: braun
Haarfarbe: dunkelblond
Geschwister: 1 Bruder (10 Jahre)
Lieblingsbücher: alles, was spannend ist
Hobbys: Boy Scout, Popmusik, Keyboard, Fußball, Mountainbike

Hobby
Hobbys/
Hobbies
graublau
hellblond
dunkelbraun
rotbraun
mittelblond

→ S. 79

Briefe wirken besser, wenn man ringsherum einen breiten Rand lässt.

→ S. 57

(Name)   (Wohnort und Datum)

Lisa Klein   Mettmann, 15. 11. 1995
Lieber Christopher,
wie geht es dir? Das war ja eine gelunge-

(Gruß/Name)

Viele Grüße
deine Lisa

7
gefällt	nett	Fahrrad	Klavier
Klasse	Unterricht	Tischtennis	Gitarre
Spaß	Computer	schwimmen	Hamster
Lehrer/in	Lieblingsgruppe	Musik	basteln
Schülervertretung	in der Nähe	sammeln	reiten
Umgebung	Vorort	Kilometer	Dorf
Stadt	Keyboard	Gegend	Einwohner
Hobby	Skateboard	Mountainbike	Chance

Übe die Wörter und überprüfe, ob du sie fehlerlos schreiben kannst.

→ S. 84

24 Anzeigen – Briefe schreiben

Schickst du deinen Brief mit der richtigen Postleitzahl fort, landet er ganz schnell vor Ort!

→ S. 83

→ S. 108

8 Nicht nur Christopher, sondern viele Kinder und Jugendliche suchen Brieffreundschaften. Sie tun dies oft über eine kleine Anzeige in Jugendzeitschriften.

> Ich bin 12 und suche nette Brieffreundinnen zwischen 11 und 13. Hobbys: Musik, Tanzen, Lesen …
> Schreibt bitte an: Kristina B.,
> ■weg 47, 70174 Stuttgart.

> Ich bin 12 und suche Brieffreunde möglichst aus Berlin, Hobbys: Tanzen, ausgeflippte Klamotten machen.
> Schreibt an: Anja S.,
> S■straße 34, 69120 Heidelberg.

> 12-Jährige sucht Brieffreunde, jeder Brief wird beantwortet, Hobbys: Tanzen, Lesen, Schwimmen.
> Schreibt an: Gesa P.,
> Sch■ring 5, 79098 Freiburg.

> Wer hat Lust, einem Stier (11) den Briefkasten zu füllen? Ihr solltet zwischen 11 und 13 sein. Hobbys: Eishockey, Tennis, Schwimmen …
> Schreibt bitte mit Foto an: Reiko L.,
> S■straße 1, 30173 Hannover.

a) Untersucht, wie diese Schüler und Schülerinnen sich selbst darstellen und wie sie ihre Wünsche ausdrücken.
Überprüft, welche der folgenden Fragewörter dabei helfen können:

Wer …?	Wo …?	Was …?	Wann …?	Warum …?

b) Welche dieser Fragen kannst du mit den Informationen in den Anzeigen nicht beantworten?

9 Entwirf eine Anzeige für dich.
Überlege, wie du dich vorstellst, damit sich auch eine passende Brieffreundin oder ein Brieffreund meldet.
Nenne auch Gründe, warum du eine Brieffreundschaft suchst.

10 Andere Klassen kennen lernen:
Die Klasse 6 in einer anderen Stadt freut sich über Post von euch. Schreibt doch mal!

a) Sucht eine Stadt aus, über die ihr in anderen Unterrichtsfächern schon etwas erfahren habt.
b) Ausländische Mitschülerinnen und Mitschüler könnten in ihrer Muttersprache an die Schulen ihrer Heimatorte schreiben. Die Antwortbriefe könnten sie in die deutsche Sprache übersetzen.
c) Schülerinnen und Schüler, die früher in einem anderen Land zur Schule gegangen sind, könnten wieder Briefkontakte zu ihren alten Klassen knüpfen.

5 Spielspaß

Würfelspiel für beliebig viele Personen.
Spielmaterial: *2 Würfel, Spielmarken, Spielgeld o. Ä.*

Spielanleitung
Alle besorgen sich Spielmarken oder Münzen, Bonbons, Nüsse oder ähnliche Dinge. Man würfelt mit zwei Würfeln; die beiden gewürfelten Zahlen werden addiert. Jeder Spieler/jede Spielerin hat reihum einen Wurf. Wer am jüngsten ist, darf anfangen.

> Wer 3, 4, 5, 6, 8, 9, 10 oder 11 würfelt, setzt auf das Feld dieser Nummer eine Marke. Wenn dort aber schon eine Marke liegt, braucht er nichts hinzulegen, sondern er darf die dort liegende Marke wegnehmen.
> Wer 7 würfelt, legt nur eine Marke auf dieses Feld (Hochzeit), nimmt aber nichts weg.
> Wer 2 würfelt, hat Glück. Er braucht nichts hinzulegen und darf alle Felder leeren, nur nicht das Hochzeitsfeld 7.
> Wer 12 würfelt, ist „König" oder „Königin". Er gewinnt sämtliche Einsätze, auch diejenigen des Hochzeitsfeldes.

Ende:
Wer keine Einsatzmarken mehr zur Verfügung hat, scheidet aus. Wer zuletzt übrig bleibt, erhält den ganzen noch auf dem Plan liegenden Einsatz.
Man kann um die Partie zu verkürzen auch vorher vereinbaren, wie lange gespielt wird. Dann wird zum Schluss der noch auf dem Plan liegende Einsatz gleichmäßig auf die noch nicht ausgeschiedenen Spieler und Spielerinnen verteilt.

26 Spielanleitungen verstehen

1 Übertragt das Spiel auf Karton oder Packpapier.

2 Lest die Spielregeln durch und probiert sie beim Spielen aus.

3 Damit ihr nicht immer wieder in der Spielanleitung nachschauen müsst, könnt ihr euch einen kurzen Notizzettel machen.

– bei 3, 4, 5, 6, 8, 9, 10, 11 setzen oder wegnehmen
– bei 7 …
– bei 2 …

4 Wenn das Spiel zu langweilig wird, denkt euch neue Regeln aus. Haltet sie auf einem Notizzettel fest.

TIPP 1 → S. 62
→ S. 79

Ziel des Spiels,
Spielende,
Spielregeln,
Spielmaterial,
Spielbeginn,
Art des Spiels,
Zahl der Mitspieler und Mitspielerinnen,
Name des Spiels

→ S. 79

5 Die Stichwörter auf dem Pinnzettel verraten euch, was in einer vollständigen Spielanleitung stehen muss.
a) Stellt mit Hilfe der Spielanleitung zum „Glückshaus" eine sinnvolle Reihenfolge der Stichwörter her.
Vergleicht auch mit anderen Spielanleitungen.
b) Wenn ihr auf mehrere Lösungen kommt, vergleicht sie miteinander und überlegt, ob mehrere Ergebnisse richtig sein können.

6 Sind alle Angaben auf dem Pinnzettel für jedes Spiel notwendig?

7 würfeln – überspringen – verlieren – mischen – zählen – aussetzen – nehmen – rücken – ausgeben – halten – ziehen – werfen – ablegen – wählen – gewinnen – aufstellen – treffen – schlagen – erreichen

a) Bei der Spielanleitung gebrauchst du diese Verben in anderen Formen, sobald eine andere Person hinzukommt.
Schreibe deshalb die Verben in den beiden Personalformen auf, die du in den Beispielen findest.

du — schlägst   er/sie/es — schlägt
     wirfst   man   …
     hältst
     …

b) Untersuche, wie sich die Verben verändern, und ordne sie nach diesen drei Beispielen:
   • *mischen   –   du mischst   –   man mischt*
   • *nehmen   –   du nimmst   –   man nimmt*
   • *aufstellen – du stellst auf – man stellt auf*

8 Bei Spielanleitungen kommen manche Wörter besonders oft vor:

 a) Bilde aus den Teilen zusammengesetzte Substantive.

 b) Bilde zusammengesetzte Substantive und notiere dir noch 10 weitere Beispiele.

c) Suche Beispiele nach folgendem Muster:

das Ballspiel — der Spielball
das Kartenspiel — die Spielkarte
... — ...

Finde heraus, wonach sich der Artikel (der, die, das) richtet.
Eine kleine Lösungshilfe:

Bestimmungswort	Grundwort
Karten	*Spiel*
Spiel	*Karte*

9 Bestimme die Wortteile und erkläre die Bedeutung.

> Spielkarte – Kartenspiel – Spielfarbe – Farbenspiel – Spielball – Ballspiel – Spielbrett – Brettspiel – Spielfeld – Feldspieler

Zum Beispiel:

das Ballspiel — der Spielball
das Kartenspiel — die Spielkarte
... — ...

10 Diese Wörter hast du in Aufgabe 8 schon gebildet:

Spielzug   Spielstand   Spielfigur

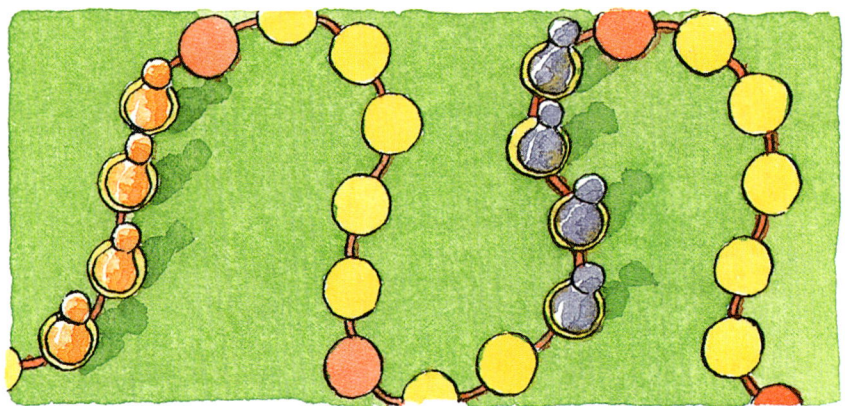

Was ist aber ein: • Zugspiel   • Standspiel   • Figurenspiel?
Findest du eine oder mehrere Erklärungen oder gibt es diese Wörter gar nicht?

11 Die Anleitung für dasselbe Spiel kann man sehr unterschiedlich aufschreiben:

A	B	C	D
Zuerst <u>stellst du</u> deine vier Spielklötzchen in das Ausgangsfeld.	*<u>Stelle</u> zuerst deine vier Spielklötzchen in das Ausgangsfeld.*	*<u>Man stellt</u> zuerst seine vier Spielklötzchen in das Ausgangsfeld.*	*Zuerst <u>werden</u> die vier Spielklötzchen in das Ausgangsfeld <u>gestellt</u>.*

12 a) Entscheide dich für eine andere Formulierung und schreibe den folgenden Text um:

Zuerst stellst du deine vier Spielklötzchen in das Ausgangsfeld. Wenn du dreimal eine „Eins" würfelst, darfst du eine Spielfigur auf den Startpunkt setzen. Nun rückst du nach der Anzahl der gewürfelten Augen vorwärts. Überspringst du dabei das Spielklötzchen eines Mitspielers/ einer Mitspielerin, musst du eine Runde aussetzen.
Wirfst du jemanden hinaus, weil er/sie das Spielfeld besetzt, darfst du noch einmal würfeln. Erreichst du dann aber eine Sechs, musst du um sechs Felder zurückrücken.

b) Überlege, ob es noch andere Möglichkeiten als A, B, C oder D gibt?

c) Untersuche die Spielanleitung auf S. 25.
Warum werden dort verschiedene Formen benutzt?

13 Bevor du nun ein ganzes Spiel erfindest, noch ein paar Tipps zur Rechtschreibung.

 a) Schreibe diese Stichwörter aus einer Spielanleitung in Schreibschrift:

Vier Wörter musst du großschreiben.
Wie hast du die **Substantive** herausgefunden? → S. 104

b)
Substantive sind Namen für Dinge und Lebewesen: der Würfel die Mitspieler	**Substantive** können aber auch etwas benennen, was du nicht sehen, hören oder anfassen kannst: das Ziel des Spiels die Spielregeln

Auch wenn die Substantive in einem Text nicht großgeschrieben sind, kann man sie an ihren **Begleitern** erkennen:
    das Spielklötzchen überspringen …
    vier Spielklötzchen benötigen …
    dein Spielklötzchen setzen …
    mit Spielklötzchen spielen …
Welches Wort in den Beispielen ist
    ein Artikel (Begleiter),
    ein Possessivpronomen (besitzanzeigendes Fürwort),
    eine Präposition (Verhältniswort),
    ein Mengenwort?

c) Was fällt dir an diesem Beispiel auf?
   *mit **dem** Spielklötzchen…*   *mit **den vier** Spielklötzchen…*
   *mit **deinem** Spielklötzchen…* *mit **deinen vier** Spielklötzchen…*
  • Ergänze nach dem Muster dieses Beispiel:
     mit der Spielfigur …   *mit …*
     mit …   *mit …*
  • Schreibe ähnliche Stichwörter mit folgenden Begleitern:

ohne	eine	meine	ein paar

Präpositionen:
mit, von, zu, bei, um, an, auf, für, gegen, durch, während, vor, zwischen …

→ S. 124

Ein Spiel erfinden 31

32 Spiele erfinden, beschreiben

14 Erfindet nun selbst ein Spiel zu dem Plan auf den beiden vorangegangenen Seiten.
So könnt ihr vorgehen – entweder alleine, in Partner- oder in Gruppenarbeit:

a) **Ideen sammeln**
– Alle Ideen auf einen Notizzettel schreiben.
– Jeder/Jede hat einen Zettel vor sich und macht sich Notizen, während die anderen Vorschläge machen.
So geht keine Idee verloren.
– Vereinbart, was geschehen soll, wenn mehrere gleichzeitig reden wollen.

b) **Ideen auswerten**
– Sprecht über eure Notizen und sucht die besten Ideen heraus. Unterstreicht sie oder macht Kreuzchen daneben.
Überflüssiges streicht ihr am besten durch.
– Wenn ihr mehrere gleich gute Ideen habt, versucht sie miteinander zu verbinden.
– Erst wenn ihr gar keine andere Lösung findet, solltet ihr abstimmen.

c) **Das Spiel aufschreiben**
Bringt eure Spielideen in eine Reihenfolge, indem ihr mit einem farbigen Stift die Stichworte nummeriert.

 S. 79

Nun könnt ihr einen Spielentwurf schreiben:
– Jeder/Jede schreibt eine Spielanleitung auf, bespricht sie mit anderen und korrigiert sie dann selbst oder lässt sie korrigieren.
– Ihr könnt euch die Arbeit auch teilen:
Einige arbeiten das Spielbrett aus, einige stellen das Spielbrett her und andere entwerfen den Text.

Wie beschreibe ich mein Computerspiel?

15 Fragt in Büchereien und Geschäften nach, welche Spiele beliebt sind und warum.
Notiert euch Stichwörter.

16 Stelle in der Klasse dein Lieblingsspiel vor.
Notiere dir Stichwörter zu den Spielregeln.

17 Organisiert gemeinsam einen Spielnachmittag in der Klasse, zu dem jede Schülerin und jeder Schüler sein Lieblingsspiel mitbringt.

6 Bücher, Bücher, Bücher …

Europäischer Jugendbuchpreis,
Deutscher Jugendbuchpreis,
Holländischer Jugendbuchpreis
«Silberner Griffel»,
Polnischer Jugendbuchpreis,
Ehrenliste der amerikanischen
Büchereien,
Platz 7 der italienischen
Bestsellerliste

Otfried Preußler
Krabat
Illustrationen
von Herbert Holzing

Biberspuren im Wald, in dem es längst keine Biber mehr gibt? Drei Geschwister kommen dem Geheimnis auf die Spur und setzen sich für die gefährdeten Tiere ein.

nnelore Westhoff
sg.)
e schönsten Freund-
haftsgeschichten

Geschichten über
eundschaften und über
eunde, aber auch über
erlorene Freunde und
e Suche nach neuen
reunden enthält diese
ammlung. Erzählt sind
ie von Achim Bröger,
lfie Donnelly, Willi
ährmann, Siegrid Heuck,
rina Korschunow, James
rüss, Gerhard
Mensching, Gudrun
Pausewang, Jo Pestum,
Ursula Wölfel u. v. a.

Laurence Model/
Claude Delafosse
**Wie verblüffe ich
meine Freunde?**

Wie du deine Freunde verblüffen kannst? Am besten durch optische Täuschungen, magische Knoten, schwimmende Eier, Kartentricks, Telepathie … Hier findest du tolle Ideen gegen Langeweile und jede Menge Spaß für graue Nachmittage.

So werden Bücher in Prospekten und Verlagskatalogen in Kurzform vorgestellt.

 a) Wähle ein Buch aus, das du am liebsten lesen würdest.
 b) Sprecht über eure Entscheidung.
  z. B. *Ich nehme …, weil …*
       Mir hat … am besten gefallen, weil …
       Ich würde gerne … lesen, damit …
       Nicht so gut finde ich …, weil …

Klappentext

2 a) In der Buchhandlung und in der Bücherei kannst du dich noch genauer über ein Buch informieren, wenn du den *Klappentext* genau liest.

Die Geschichte von drei Geschwistern im Irland des letzten Jahrhunderts, deren Mut und Zusammenhalt stärker ist als Hunger und Not:
Auf sich allein gestellt beschließen die Geschwister Eily, Michael und Peggy während der großen Hungersnot, die weite Reise zu ihren Großtanten in der Stadt zu wagen. Zu Hause haben sie nichts mehr zu verlieren. Eine alte Frau gibt ihnen noch eine Medizin aus Heilkräutern und rät ihnen: «Folgt immer dem Fluss!»
Auf der Reise haben sie mit vielen Gefahren zu kämpfen. Sie müssen sich gegen Unwetter, Hundemeuten und Krankheiten wehren. Aber das größte Problem ist immer wieder etwas Essbares zu finden und die Hoffnung nicht zu verlieren. Wird es ihnen trotzdem gelingen, die Tanten zu finden? Die irische Autorin Marita Conlon-McKenna ist nicht mit kühlem Kopf darangegangen, Kindern eine Geschichtslektion zu erteilen.

KLAPPENTEXTE machen neugierig auf das Buch, sie verraten aber nicht den ganzen Inhalt.

Ein Neuer – das ist in Hennes Klasse eigentlich nichts Besonderes. Aber dieser benimmt sich so ganz anders und sieht auch fremdartig aus: wie ein Indianer. Dabei heißt er ausgerechnet Heinrich.
Heinrich ist mutiger als die anderen. Als Einziger tritt er der Schülermafia entgegen, die jüngeren Schülern auflauert und sie erpresst. Er ist überhaupt ein prima Freund, aber irgendetwas stimmt nicht mit ihm.

b) Vergleiche die Klappentexte mit den Kurzbeschreibungen auf S. 33.

c) Welche Fragen hast du nach dem Lesen des Klappentextes noch zum Inhalt des Buches?

**Klassenbücherei
Bücher vorstellen
Kartei**

35

 3 Du kannst natürlich auch ein Buch vorstellen, das du schon länger kennst.
  a) Stelle ein Buch in der Klasse vor.
     Erzähle kurz, ähnlich wie im Klappentext.
     – Wer spielt eine wichtige Rolle in der Geschichte?
     – Wo hat sich alles zugetragen?
     – Wann geschah es?

TIPP 9 → S. 69

  b) Lies besondere Stellen vor.

  c) Berichte, warum du dieses Buch ausgewählt hast und ob es deine
     Erwartungen erfüllt hat.

  Wäre es in eurer Klasse möglich, eine regelmäßige Vorlesestunde einzuplanen?

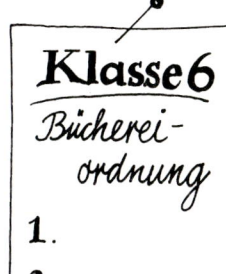

 4 Richtet eine klasseneigene Bücherei ein.
  Ihr könnt eure bereits gelesenen Bücher zur Verfügung stellen.
  Überlegt gemeinsam, wie ihr das Ausleihverfahren organisieren wollt, und
  schreibt die Regeln auf ein Plakat.

5 a) Für jedes Buch braucht ihr **zwei** Karteikarten:
     Auf jede Karte schreibt ihr den Autor und den Titel.
     Eine Karte kommt in den Karteikasten, die andere bleibt im Buch, wenn
     es nicht ausgeliehen ist.

Karteikarten kann man aus farbigem Ton- oder Zeichenpapier zurechtschneiden.

Als Karteikasten kann man z. B. einen Schuhkarton nehmen.

36 Klassenbücherei
Kartei

→ S. 83

b) Um im Karteikasten Ordnung zu halten und das gesuchte Buch auch wiederfinden zu können ist es am besten, die Namen der Autoren und Autorinnen alphabetisch zu ordnen.
Bei Namenslisten steht immer der Nachname zuerst.

Auf das Komma zwischen Nachnamen und Vornamen achten!

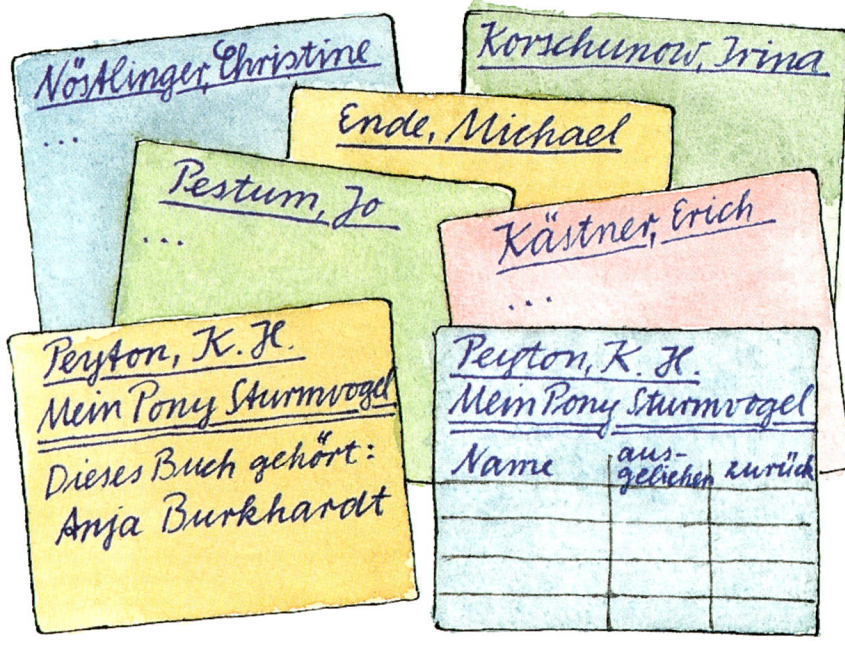

Sortiert diese Buchkarten nach dem Alphabet.
Während der Ausleihzeit werden **beide Karten** im Karteikasten aufbewahrt. Eine Büroklammer signalisiert: Das Buch ist zur Zeit weg.

Eine Kurzbeschreibung zum Buch auf der Karteikarte würde mir die Auswahl erleichtern!

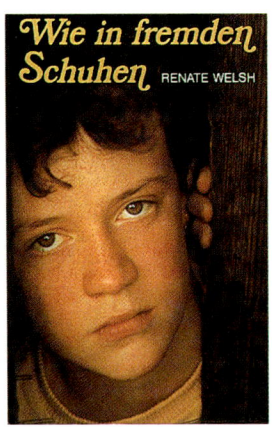

c) Absprachen müssen getroffen werden über den wechselnden Büchereidienst, über die Ausleihdauer und über die Zeiten, zu denen Bücher ausgegeben werden sollen.

6 Fragt nach, welche Bücher ihr in eurer Schule ausleihen könnt.

Bücher – woher?

- *„Wo geht es zur Bibliothek?"*
- *„Ganz einfach:*
  Dort rüber und dann rechts. Nee, besser geradeaus und dann
  rechts. Und dann, steht da so'n komisches Haus, da müsstest du …
  Ach was, du wirst es schon finden."
- *„Quatsch, ganz lange geradeaus und dann links und an der*
  über- über- übernächsten Kreuzung rechts."

7 Warum kann so keiner den Weg zur Bibliothek sicher finden?
  a) Was ist unklar, verwirrend oder ungenau?
     Notiere alles Unklare und mache Verbesserungsvorschläge:
     Dort – Dort, wo jetzt das grüne Lastauto steht, …
     dann – nach etwa 20 m

  b) Überlege dir Merkmale einer guten Wegbeschreibung.
     Notiere dir Stichwörter.

Wie weit ist „ganz lange"?

8

❶ Schule
❷ Kaufhaus Müller
❸ Rathaus
❹ Museum
❺ Bibliothek

Sieh auf den Stadtplan und geh den Weg von der Schule zur Bibliothek mit dem Finger nach.

9 Überlegt gemeinsam den richtigen Weg.
  a) Jemand aus der Gruppe beschreibt den Weg, die anderen verfolgen ihn mit dem Finger auf dem Stadtplan. Wer schafft die genaueste Beschreibung?

Wegbeschreibung / Relativpronomen

→ S. 79

… in Richtung …, … geradeaus …, … an der Querstraße …, … links einbiegen …, bei … nach rechts …, vor … nach …, an … weiter … folgen, … siehst du …, … überqueren …, …

b) Beschreibe den Weg
– in Stichworten.
– als vollständige Wegbeschreibung in ganzen Sätzen. Jeder Fremde soll den Weg nach deiner Beschreibung ohne Karte finden können.

c) Die beste Wegbeschreibung aus eurer Gruppe spielt ihr vor der Klasse vor. Achtet dabei auf genaue Angaben. Fragt nach, wenn etwas unklar ist.
Z. B. • *„Zuerst musst du die Hauptstraße entlang …"*
• *„Ist das hier die Hauptstraße?"*
Die Beschreibung hätte also besser gelautet:
• *„Zuerst musst du **hier** auf der Hauptstraße …"*

10 Fabian schreibt:

Von der Schule aus muss man zuerst die Hauptstraße entlanggehen in Richtung Kirche. Die Kirche sieht man etwa 200 Meter entfernt zwischen den Bäumen. Nach etwa 100 Metern biegt man links in die Marktgasse ein. Die Marktgasse beginnt genau beim Kaufhaus Müller. …

a) Mache Verbesserungsvorschläge, wie Fabian die Wiederholungen vermeiden könnte.

b) Ziehe jeweils zwei Sätze zusammen. Ersetze das Subjekt im zweiten und vierten Satz durch das Relativpronomen **die** oder **welche**.
*Von der Schule … in Richtung Kirche, **die** man … zwischen den Bäumen sieht.*

Die **Relativpronomen der**, **die** oder **das** kann man durch **welcher**, **welche**, oder **welches** ersetzen.

11 Eine Autofahrerin spricht dich vor deiner Schule an und will den Weg zur Sporthalle oder zur Apotheke an deinem Wohnort wissen.
Zeichne eine Wegeskizze für sie. Deine Nachbarin/Dein Nachbar prüft, ob die Zeichnung stimmt.

Beschreibe den Weg von deiner Wohnung zur Bibliothek deines Ortes. Versuche Sätze mit Relativpronomen zu verwenden. Dabei musst du aber beim Schreiben vor dem Relativpronomen ein Komma setzen, beim Sprechen eine Kommapause machen.

→ S. 130

7 Carla Holmes, Kriminalkommissarin

„Die Angaben müssten reichen um den Kopf der Mohnkopfschmugglerbande eindeutig zu identifizieren", erklärt Kriminalkommissarin Carla Holmes ihrem Assistenten Franz Watschon.
„Fassen wir noch einmal zusammen:
- Der Boss der Bande ist eine Frau.
- Diese Frau wohnt in der Rosengasse.

Haben Sie die Befragungen in der Rosengasse durchgeführt, Herr Watschon?" „Hm, ja, schon…", drückt sich der Assistent um eine klare Antwort herum. „In der Rosengasse wohnen fünf Frauen: Susanne Stein, Viola Volk, Waltraud Waffel, Ludmilla Ludwig und Rose Rauschebart. Wie besprochen habe ich sie gefragt, welches Fahrzeug sie auf dem Weg zur Arbeit benutzen, welchen Beruf sie haben und was sie am 22. März um 18 Uhr gemacht haben. Außerdem habe ich mir die Haarfarbe der Damen notiert."

„Na, dann ist ja alles in Ordnung", meint die Kommissarin, „ich habe nämlich gerade durch eine Geheiminformation erfahren, dass die Chefin der Mohnkopfschmugglerbande die Übergabe der heißen Ware bei Spaziergängen tätigt. Jetzt raus mit der Sprache: Wer ist es?"

Der Assistent wird verlegen: „Das ist es ja. Irgendwie sind mir meine Notizen durcheinander geraten. Ich werde die Befragung noch einmal von vorne durchführen müssen. Wenn ich die Fragen nur hart genug stelle, werde ich die Frauen schon weich kriegen."

„Immer die Männer mit ihren brutalen Methoden. Das können wir uns hier nicht leisten", entscheidet Frau Holmes. „Die Verdächtige würde sofort den Braten riechen und ihre Komplizen warnen. Zeigen Sie mal Ihre Aufzeichnungen her. Vielleicht können wir gemeinsam die Täterin durch logisches Kombinieren ermitteln.

Wie ich sehe, benutzen alle ein anderes Fahrzeug, haben alle verschiedene Berufe, verschiedene Haarfarben und Alibis. Wir fangen mit einer kleinen Skizze der Rosengasse an. Jetzt tragen wir die einfachen Dinge ein."

---

der Assistent,
meine Notizen,
brutale Methoden,
ihre Komplizen,
logisch kombinieren,
Alibi

40 Informationen zur Problemlösung nutzen

1. Die Bewohnerin des mittleren Hauses fährt begeistert Motorrad.
2. Frau Volk nimmt morgens den Bus.
3. Frau Susanne Stein wohnt im 1. Haus.
4. Die Sekretärin fährt mit dem Auto zur Arbeit.
5. Die Kindergärtnerin wohnt im letzten Haus. Links neben ihr wohnt die Sekretärin.
6. Frau Rauschebart war am 22. März im Schwimmbad.
7. Die Schwarzhaarige war am 22. März bei einem Einkaufsbummel.
8. Die blonde Lehrerin fährt mit dem Fahrrad in die Schule.
9. Frau Waffel fährt begeistert Motorrad. Sie besitzt eine Motorradwerkstatt.
10. Die Frau, die im Kino war, ist die Nachbarin der Braunhaarigen.
11. Die Nachbarin der Frau, die am 22. März ferngesehen hat, ist blond.
12. Die Grauhaarige fährt mit dem Taxi zur Arbeit.
13. Frau Ludwig hat rote Haare.
14. Frau Stein ist die Nachbarin der Direktorin.
15. Die Motorradfahrerin ist die Nachbarin der Frau, die mit dem Bus fährt.

Was nun? Logisch kombinieren, hat Kommissarin Carla Holmes gesagt. Aber wie?

Wenn ihr nicht weiterkommt, überlegt gemeinsam eine Methode (Liste, Tabelle, Skizze …), wie ihr die Informationen verwerten könnt.

Informationen zur Problemlösung nutzen 41

1 Kommissarin Carla Holmes macht einen Vorschlag:

„Wir fangen mit einer Häuserliste der Rosengasse an. Zuerst tragen wir die einfachen Dinge ein."

	Haus 1	Haus 2	Haus 3	Haus 4	Haus 5
Name					
Beruf					
Fahrzeug			Motorrad		
Haarfarbe					
Alibi					

2 Einigt euch, wer welche Aufgaben übernimmt.

▷◁ Wer zeichnet die Tabelle und trägt die Ergebnisse ein?

▶◀ Wer sucht die Angaben über die Namen, Berufe, die Fahrzeuge, die Haarfarben, die Alibis?

3 Sucht zunächst die Angaben heraus, die Hinweise auf bestimmte Häuser geben. Tragt diese in die Tabelle ein.

4 Lest die Angaben noch einmal durch.
  a) Tragt noch weitere Tatsachen, die ihr findet, in eure Liste ein.
  b) Ihr werdet feststellen: Nur eine Verdächtige hat kein Alibi.
     Es ist Frau ❖, die ❖ Haare hat, als Beruf ❖ angibt.

→ S. 128

8 Versteh mich doch!

Hallo, Eva! Fein, dass du da bist... ...ich wollte mit dir über die Ordnung in deinem Zimmer reden.

Früher warst du doch so lieb! Aber in letzter Zeit... Deine Unordnung halte ich nicht aus. Unmöglich!

Wieso?

Du bist einfach zu faul.

Bin ich nicht.

Ich schäme mich richtig, wenn Besuch kommt. Warum kannst du nicht wenigstens abends deine Sachen wegräumen!

Da bin ich zu müde.

Und diese schrecklichen Poster müssen auch ab.

Nein! Die bleiben!

Einmal werde ich alles, was nicht aufgeräumt ist, einfach wegwerfen.

?

Nimm dir ein Beispiel an deinem Freund Jens. Bei dem ist es immer ordentlich. Der muss auch viel mehr im Haushalt helfen.

?

1 Untersucht, wie der Vater argumentiert und warum er so reagiert.

Argumentieren 43

2 Wie könnte Eva sich in diesem Gespräch verhalten?
Probiert mehrere Möglichkeiten aus.

3 Spielt das Gespräch zwischen Vater und Tochter.
Achtet darauf,
- was die Personen sagen,
- wie sie sprechen,
- wie sie sich verhalten.

4 Nehmt das Gespräch mit dem Kassettenrekorder auf.
Untersucht die einzelnen Argumente genauer.
Erprobt verschiedene Möglichkeiten, wie man überzeugender argumentieren kann.

begründen,
beschuldigen,
schmeicheln,
…

Eva:	Vater:	
Da bin ich zu müde.	*Wieso bist du denn abends so müde?*	→ sich informieren
	Erzähl mir keinen Unsinn!	→ abwehren
	Einmal werde ich alles, was nicht aufgeräumt ist, einfach wegwerfen.	→ drohen
	Bei deinem Freund Jens ist es immer ordentlich.	→ Gegenbeispiel einbringen
	Wovon willst du denn abends müde sein?	→ entkräften

5

Bastian:
- Du, Mama, ... ich brauche mehr Taschengeld.
- Der Tobias bekommt viel mehr als ich.
- Alles wird teurer.
- Ich werde schließlich älter und brauche deshalb mehr Geld.
- Wenn du wüsstest, wie viel die Christiane bekommt!
- Die lachen mich fast schon aus!
- Und ich muss auch noch die Hefte davon bezahlen!
- Vielleicht kann ich mir mit Zeitungaustragen etwas dazuverdienen?
- ... ich brauche mehr Taschengeld.

Mutter:
- Aber Bastian ...
- Tobias ist für uns kein Maßstab.
- ...
- In deinem Alter habe ich ...
- ...
- ...
- ...

▷◁ Sammelt weitere Argumente für Bastian.

◀▶ Überlegt, was die Mutter sagen könnte.

Argumentieren   **45**

6 Wenn man mit jemandem redet, jemanden von seiner Meinung überzeugen will, müssen beide bestimmte Gesprächsregeln einhalten.

a) Welche Gesprächsregeln haltet ihr für wichtig?
b) Notiert sie und überlegt, gegen welche in eurer Klasse am häufigsten verstoßen wird.
c) Nun einigt euch in der Klasse, welche wichtigen Gesprächsregeln auf einem Plakat festgehalten werden sollen.

→ S. 79

Gesprächsregeln der Klasse 6
1.
2.
3.
Unterschriften aller Schüler

7 Probiert sie an diesem Beispiel aus:

EIN HUND IM HAUS?
Freudestrahlend kommt Melanie von der Schule nach Hause. Schon im Hausflur ruft sie ihrer Mutter zu: „Stell dir vor, Mama, Claudia will mir einen kleinen Hund schenken. Das ist einfach toll! Ich freue mich schon riesig!" „Nun mal nichts überstürzen", antwortet Melanies Mutter. „Heute Abend, wenn alle zu Hause sind, werden wir uns ausführlich darüber unterhalten."
Um 19.00 Uhr beginnt eine „heiße" Diskussion:

Ich will keinen Hund im Haus, weil ...

Nach kurzer Zeit ... und dann muss ich ...

Aber es ist doch so einfach ..., denn ...

Andererseits weiß ich, dass ...

Andreas besitzt doch auch ... da könnten wir gemeinsam ...

Vielleicht sollten wir ...

a) Welche Argumente könnten die einzelnen Familienmitglieder für ihre Meinung anführen? Wie könnten sie die anderen überzeugen?
b) Spielt diese Familiensituation mehrmals durch.
c) Beobachtet, ob die Gesprächsregeln eingehalten werden.

9 Spielen ohne Worte

Die Art und Weise mit dem Gesicht Stimmungen und Gefühle auszudrücken nennt man **Mimik**.

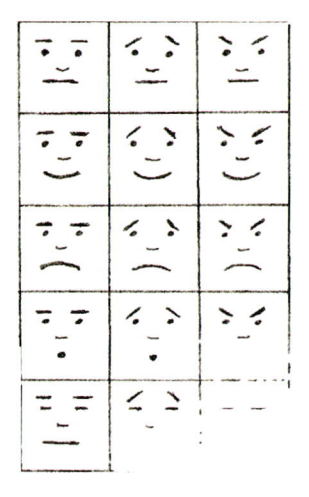

Gesichter, die sprechen (Mimik)

1 Welche Stimmung wird in den einzelnen Bildern ausgedrückt?

2 Beschreibe eine alltägliche Situation, in der jemand solche Gesichter machen könnte.

3 Was könnten die Personen in ihrer jeweiligen Gefühlslage wohl sagen oder denken?

4 Versuche die in den Bildern ausgedrückten Stimmungen durch die entsprechende Mimik nachzuahmen.

5 Versuche durch die entsprechende Mimik folgende Gefühle auszudrücken:
Stolz, Gleichgültigkeit, Schmerz, Verbissenheit, Hoffnungslosigkeit.

Körpersprache (Gestik)

Auch durch die Art und Weise der Körperhaltung und Körperbewegung kann man Stimmungen und Gefühle ausdrücken.

> Wie man mit Körperbewegungen und -haltungen Stimmungen und Gefühle ausdrückt, wird **Gestik** genannt.

6 Welche Stimmungen und Gefühle werden hier durch die jeweiligen Gesten ausgedrückt?

7 Beschreibe eine Situation, in der jemand solche Gesten machen könnte.

8 Versuche die abgebildeten Gesten nachzuahmen.

9 Versuche durch die entsprechenden Gesten folgende Stimmungen und Gefühle auszudrücken:
- Furcht
- Sicherheit
- Stolz
- Trauer
- Wut
- Stärke

10 Überlegt euch weitere Beispiele, die ihr vor der Klasse darstellen könnt. Die anderen müssen die jeweiligen Stimmungen erraten können.

Durch die Verbindung von Mimik und Gestik kann man vieles ausdrücken ohne sprechen zu müssen.
Eine solche Darstellungsform ohne Worte nennt man **Pantomime.**

Pantomime

11 Versucht folgende Handlungen pantomimisch darzustellen:
- über Glatteis gehen
- sich anziehen
- sich anschleichen.

12 Überlegt euch weitere Handlungen, die ihr pantomimisch darstellen und erraten könnt.

13 Neben solchen kleinen Handlungen lassen sich auch kleine Geschichten pantomimisch darstellen.
a) Jemand muss dringend telefonieren. Ungeduldig wartet er/sie vor der Telefonzelle, bis diese frei wird. Die Person, die gerade telefoniert, scheint ein Dauergespräch zu führen.
b) Ein wichtiger Besuch hat sich angesagt. Ungeduldig läuft der Gastgeber (die Gastgeberin) durch die Wohnung und schaut immer wieder nach, ob alles ordentlich aufgeräumt und sauber ist. Auch das eigene Aussehen wird immer wieder vor dem Spiegel überprüft.
c) Ein Patient/eine Patientin sitzt im Wartezimmer eines Zahnarztes. Als er/sie die Instrumente in dem Behandlungszimmer hört, wird er/sie immer nervöser. Auch das Lesen einiger Zeitschriften verschafft keine innere Ruhe. Schließlich wird der Patient/die Patientin aufgerufen in das Behandlungszimmer zu kommen.

14 Sucht selbst Beispiele aus dem Alltagsgeschehen, die ihr pantomimisch darstellen wollt.

Warum nicht gleich so?

Personen: ein Bauarbeiter
            ein alter Mann
            eine Frau
            ein Mädchen

Der Bauarbeiter: ist dabei mit einem Presslufthammer eine Straße aufzureißen.

Der alte Mann: geht langsam und gebückt auf den Arbeiter zu und will ihn nach dem Weg fragen. Doch bei dem Lärm gelingt es ihm nicht, den Bauarbeiter anzusprechen. Kopfschüttelnd geht er weg.

Die Frau: sucht ebenfalls nach dem rechten Weg; schaut sich um, ob sie jemanden fragen kann. Sie sieht den Arbeiter und geht auf ihn zu. Die Frau versucht den Mann anzusprechen, doch der Arbeiter lässt sich nicht stören. Enttäuscht wendet sie sich ab.

Das Mädchen: hält den Stadtplan in der Hand und sucht darin ihren Weg. Sie merkt, dass sie sich verlaufen hat, sieht den Arbeiter und geht auf ihn zu. Dem Mädchen gelingt es auch nicht, bei dem Lärm den Bauarbeiter anzusprechen. Da holt sie einen Zettel und einen Stift aus der Tasche und schreibt etwas darauf. Sie hält dem Bauarbeiter den Zettel vor die Augen. Dieser schaut auf, stellt den Presslufthammer ab und erklärt dem Mädchen den Weg. Sie bedankt sich und geht zufrieden weg.

15 Spielt diese Szene nach.

10 Helft den Schmetterlingen!

August Heinrich Hoffmann von Fallersleben
(1798–1874)
Das Ährenfeld

Ein Leben war's im Ährenfeld
Wie sonst wohl nirgends auf der Welt:
Musik und Kirmes weit und breit
Und lauter Lust und Fröhlichkeit.

Die Grillen zirpten früh am Tag
Und luden ein zum Zechgelag:
Hier ist es gut, herein, herein!
Hier schenkt man Tau und Blütenwein.

Der Käfer kam mit seiner Frau,
Trank hier ein Mäßlein kühlen Tau,
Und wo nur winkt ein Blümelein,
Da kehrte gleich das Bienchen ein.

Den Fliegen ward die Zeit nicht lang,
Sie summten manchen frohen Sang.
Die Mücken tanzten ihren Reihn
Wohl auf und ab im Sonnenschein.

Das war ein Leben ringsumher,
Als ob es ewig Kirmes wär.
Die Gäste zogen aus und ein
Und ließen sich's gar wohl dort sein.

Wie aber geht es in der Welt?
Heut ist gemäht das Ährenfeld,
Zerstöret ist das schöne Haus,
Und hin ist Kirmes, Tanz und Schmaus.

**Umweltprojekt
Wiedergabe von
Stimmungen**

51

1
a) Sprecht über das Bild.
b) Lies das Gedicht vor.
c) Suche in Lesebüchern und Gedichtsammlungen nach weiteren passenden Gedichten.
d) Schreibe das Gedicht ab, das dir am besten gefällt.
Gestalte den Text (Schrift, Farben, …).
Suche auch passende Bilder. Klebe sie dazu.
Hängt eure Blätter auf und sprecht darüber.
e) Beschreibe mit eigenen Worten eine Wiese, die du kennst.
Sieht sie auch so aus wie auf dem Bild?

Das ist ja unglaublich!

Maria Sibylla Merian

Man kennt Wissenschaftler und Künstler, die schon als Kinder Geniales* leisteten. In die Reihe jener „Wunderkinder" gehört auch Maria Sibylla Merian, geboren 1647 in Frankfurt am Main.
Im Alter von etwa 10 Jahren entdeckte sie das Geheimnis der Verpuppung der
5 Raupen und die Herkunft der Schmetterlinge. [...]
Bei jeder Gelegenheit verlässt sie das Haus unweit des Domes und treibt sich irgendwo in den Mainwiesen herum. Dort sucht sie Bäche, Tümpel und Teiche auf. Hier sammelt sie allerhand Kleingetier – Insekten, Spinnen, Käfer, Larven – und bringt Gräser, Blumen und Unkräuter herbei. Vater Morells und die Brü-
10 der müssen mit Zeichenmaterial, Kornroller, Pinsel und Stichel aushelfen und dann geht es gleich ans Malen aller Dinge, die sie angeschleppt hat. [...]
Noch als Kind machte sie eine Entdeckung, die als Forschungsleistung allerersten Grades* in die Wissenschaft einging. Sie beobachtete in einem Wäldchen die Eiablage des Kiefernspanners auf einem Kiefernzweig und später das Aus-
15 schlüpfen der kleinen Raupen aus den Eiern. Nun war es klar: Schmetterlinge legen Eier und daraus schlüpfen Raupen. Sie nimmt Räupchen und Kiefernzweige mit nach Hause und malt sie dort sogleich. Dann legt sie alles wieder in die Schachtel zurück. Hier schmarotzen* die Raupen auf den Nadeln und wachsen schnell heran. Aber eines Tages bewegt sich nichts mehr in der Schach-
20 tel. Jahrzehnte später schreibt Sibylla darüber in ihrem Buch „Der Raupen wundersame Verwandlung und sonderbare Blumennahrung": „Also wurden sie leblos und schauten aus wie Dattelkerne, die eine Gestalt wie ein gewickeltes Kindlein haben, dass man eines Menschen Angesicht gleichsam wohl daraus erkennen kann." (S. Merian gebrauchte den Namen Schmetterling nicht.
25 Tagschmetterlinge sind für sie stets „Sommervögelein" und die Nachtfalter nannte sie „Mottenvögelein".)

Großartiges, Überragendes

hervorragende Forschungsleistung

ernähren sich von den Nadeln

**Umweltprojekt
Fachausdrücke verwenden** 53

„Wirf deine Raupen weg, sie sind doch tot", sagt der Vater und wieder einmal folgt Sibylla nicht. Nein, sie will sehen, was mit ihren Puppen weiter geschieht. Schließlich hält sie den offenbar toten Raupenkörper gegen das Licht und bemerkt dabei, dass sich etwas darinnen bewegt. Das erzählt sie ihren erwachsenen Brüdern: Man schaut sich an und weiß es scheinbar sofort: Hirngespinste und Fantasien einer zehnjährigen Göre.
Doch da geschieht eines Tages ein Wunder: Die Billa (wie man sie daheim nennt) öffnet die Schachtel und darin liegen lauter Schmetterlinge und einige flattern sogleich heraus. Sie sind schon alle ausgewachsen. Auf dem Schachtelboden liegen die aufgebrochenen Puppenhüllen. Etwas Unglaubliches hatte sich ereignet, das in der damaligen Welt völlig unbekannt war. Ein Kind hatte herausgefunden: Schmetterlinge legen Eier, aus denen Raupen schlüpfen. Die Raupen verpuppen sich und aus diesen Puppen schlüpfen nach einiger Zeit ausgewachsene Schmetterlinge. Eine ganz große Entdeckung war gemacht worden, und dazu noch von einem Kinde.

Fachausdrücke:
Eiablage
ausschlüpfen
Raupe
Puppe
Puppenhülle

2 a) Schreibe alle unbekannten Wörter heraus.
Suche ihre Bedeutung im Wörterbuch oder Fremdwörterlexikon.
b) Ordne sie: – Was gehört zur Entwicklung des Schmetterlings?
Schreibe diese Wörter mit der Erklärung auf Wortkarten, die ihr später für die Wandzeitung verwenden könnt.
– Andere unbekannte Ausdrücke.
c) Beschreibe genau, wie sich ein Schmetterling entwickelt.
Benutze dazu die Fachausdrücke und die Bilder.
d) Vergleicht eure Beschreibungen und wählt eine für die Wandzeitung aus.

➝ S. 82

54 — Umweltprojekt Informationen beschaffen

Die Wiesen-Uhr
Das Jahr der Wiese von Irmgard Lucht

Dietmar Aichele
Was blüht denn da?
Wild wachsende Blütenpflanzen Mitteleuropas
Der Fotoband
Mit dem praktischen

Aktion SCHMETTERLING
So können wir sie retten

Fantastisch...
... was aus einer Raupe werden kann, wenn Raupenfutterpflanzen nicht als ‚Unkraut' vernichtet werden.

Naturschutzbund Deutschland
Landesverband Niedersachsen e.V.,
Calenberger Str. 24, 30169 Hannover

Wissenswertes über Schmetterlinge und ihren Schutz erfahren Sie in unserem **Schmetterlings-Info**. Einfach Anzeige ausschneiden und 1.-DM Rückporto in Briefmarken beilegen.

Ich muss mich erst mal genau informieren. Über meine Zukunft als Schmetterling weiß ich fast gar nichts.

Von der Raupe zum Schmetterling

Wegweiser durch die Natur
Schmetterlinge
und andere Insekten Mitteleuropas

⭐ **3** Sammelt Informationen über Schmetterlinge und ihren Lebensraum. Legt das Material in der Klasse zum Anschauen aus.

**Umweltprojekt
Fachtexte verstehen
Informationen ordnen** 55

Um Schmetterlinge grundsätzlich zur Vermehrung anzuregen bedarf es zweierlei Pflanzen: einerseits Pflanzen, deren Blüten den Nektar enthalten, der dem ausgewachsenen Insekt als Nahrung dient, und andererseits Pflanzen, deren Blätter sowohl als Nahrung für die Raupe, als auch als Brutstätte für die Eier ablegenden Weibchen dienen können.

Schmetterlinge kann man in den Garten locken …

Schmetterlings-arten	Raupenfutter-pflanzen
Admiral	Brennnessel
Apollofalter	Fetthenne
Aurorafalter	Wiesen-Schaumkraut
Brauner Bär	Ampfer, Löwenzahn u. a.
C-Falter	Brennnessel
Distelfalter	Distel
Goldene Acht	Hornklee, Hufeisenklee, Luzerne
Großer Eisvogel	Zitterpappel
Großer Fuchs	Pappel, Ulme, Weide
Großer Schillerfalter	Weide
Kaisermantel	Veilchen
Kleiner Eisvogel	Geißblatt
Kleiner Feuerfalter	Knöterich, Sauerampfer
Kleiner Fuchs	Brennnessel
Kleiner Schillerfalter	Zitterpappel
Landkärtchen	Brennnessel
Schachbrett	Gräser
Schwalbenschwanz	Wilde Möhre
Tagpfauenauge	Brennnessel
Trauermantel	Birke, Espe, Salweide, Ulme
Zitronenfalter	Faulbaum,

… wenn man ihnen Nektar- und Raupenfutterpflanzen zur Verfügung stellt. Schmetterlinge sind nicht auf bestimmte Pflanzen als Nektarspender spezialisiert, bevorzugen jedoch häufig solche mit rosafarbenen – violetten Blüten. ‚Gefüllte' Blüten allerdings eignen sich nicht als Nahrungsquelle. Es gibt eine Reihe von Gartenpflanzen, die Schmetterlinge besonders gern aufsuchen. Hierzu gehören u. a. Astern, Fetthenne, Hauswurz, Prachtspiere, Samtblume (Tagetes), Thymian, Margeriten, Sommerflieder (Buddleia) und Wandelröschen (Lantana). Aber auch viele Wildkräuter wie Distel, Dost, Esparsette, Flockenblume, Hauhechel, Kronwicke, Rosskümmel, Veilchen, Wasserdost, Wiesen-Klee, Wildes Stiefmütterchen und Witwenblume sind hervorragende Nektarspender. Wer auch den Schmetterlingsraupen Nahrung zur Verfügung stellen möchte, kann sich an der nebenstehenden Tabelle orientieren. Sie gibt Auskunft über einige der bekanntesten europäischen Tagfalter sowie die Hauptfutterpflanzen ihrer Raupen. Die Raupen mehrerer Arten sind auf Brennnesseln als Futterpflanzen angewiesen. Biogärtner lassen daher immer einige Brennnesselpflanzen in ungenutzten Bereichen ihres Gartens stehen.

Vermehrung
Pflanze
Insekt
Nahrung
Nektar

Bund
für Umwelt und
Naturschutz
Deutschland e.V.
(BUND)
Landesverband
Baden-Württemberg
Erbprinzenstr. 18
79098 Freiburg im
Breisgau

4 Überlegt, wie ihr die Informationen ordnen könnt.
Zum Beispiel:
- *Wovon ernähren sich … ?*
- *Wo leben … ?*
- …

Aktion Schmetterling

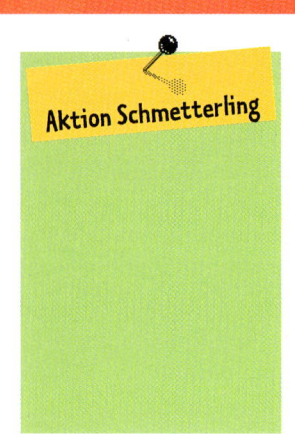

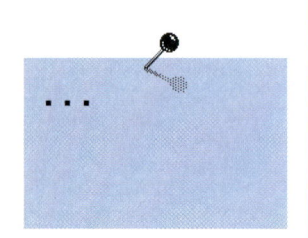

5 Habt ihr schon einmal mit einer **Wandzeitung** gearbeitet?
Hängt an einer freien Wand in eurem Klassenzimmer oder im Gang einen großen Bogen Packpapier auf.

Klebt alles auf, was ihr über Blumenwiesen und Schmetterlinge gefunden habt.
Die Wandzeitung kann das ganze Schuljahr über hängen bleiben. Immer, wenn ihr etwas Neues gefunden habt, wird sie ergänzt.

6 Macht euch Gedanken zu den Schmetterlingsnamen:

a) • *Admiral, Zitronenfalter, Kohlweißling, Tagpfauenauge …*
   Wie wurden die Namen gebildet?

b) Wie entstanden die Wortneuschöpfungen von Maria Sibylla Merian:
   • *Sommervögelein, Mottenvögelein?*

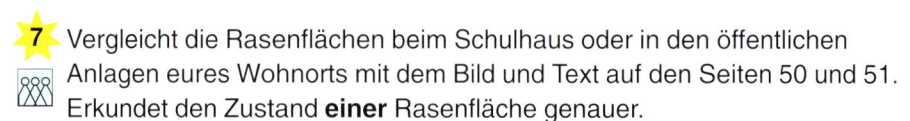

7 Vergleicht die Rasenflächen beim Schulhaus oder in den öffentlichen Anlagen eures Wohnorts mit dem Bild und Text auf den Seiten 50 und 51. Erkundet den Zustand **einer** Rasenfläche genauer.

a) – Wo liegt das Rasenstück? (Himmelsrichtung, Hanglage, Straßennähe, …)
   – Wie wurde die Fläche bisher bearbeitet? (gemäht, gedüngt, …)
   – Wie sieht die Oberfläche aus? (eben, steinig, …)

b) – Welche Pflanzen wachsen jetzt dort?
   Besorgt euch ein Bestimmungsbuch für Wiesenpflanzen; darin findet ihr Abbildungen, Namen und Beschreibungen.

Umweltprojekt untersuchen begründen 57

Gefahren für Schmetterlinge
...

Was können wir ändern
...

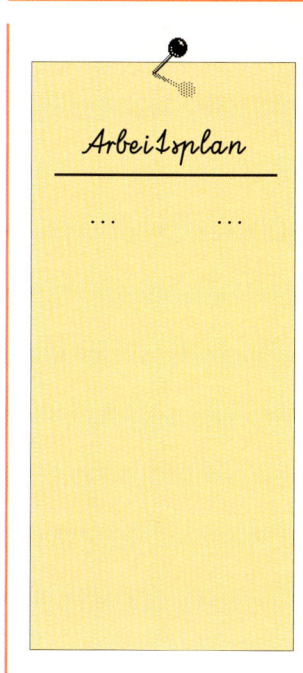

Fachausdrücke
...

Arbeitsplan
... ...

8 a) Überlegt gemeinsam:
  Könnt ihr diesen Lebensraum verbessern, sodass neben Schmetterlingen auch andere Insekten dort leben können?
 b) Macht Änderungsvorschläge! Besprecht jeden Punkt. Begründet eure Meinung.

Wo könnten wir etwas verändern?	...
Warum soll es geändert werden?	...
Was können wir tun?	...
Wer muss vor einer Veränderung befragt werden?	...
Entstehen Kosten? Wenn ja, wer bezahlt sie?	...
Wer kann uns helfen, wenn etwas nicht klappt?	...

→ S. 108

Klebt das Blatt mit den Ergebnissen auf die Wandzeitung.

9 Wenn ihr eine Schmetterlingswiese anlegen wollt, dann ladet alle beteiligten Personen ein. Zeigt ihnen an Ort und Stelle, was ihr vorhabt. Auf welche Fragen müsst ihr vorbereitet sein?

← S. 23

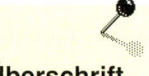

Überschrift
- Neugier wecken
- derzeitiges Aussehen der Schule beschreiben
- ruhig etwas übertreiben
- auf Folgen für Schüler, Schülerinnen und Natur hinweisen

Veränderungen begründen, besondere Vorzüge kurz ansprechen:
- möglichst alle ansprechen
- Vorzüge für Mensch und Natur darstellen

Durch eine originelle Gestaltung des Plakats werden die Leser angelockt.

Auch die Foto-AG und die Umwelt-AG können helfen!

10 Informiert auch die Schüler der anderen Klassen mit einem Plakat über euren Plan.
Fotografiert, sammelt, …

AKTION SCHMETTERLING
Ursache für das Schmetterlingssterben …   Unser Plan:

Hilfe! Hier spricht der Admiral. Ich brauche …

Neues Leben auf dem alten Rasen!
So sieht es jetzt aus   So soll es werden

11 Wenn in unmittelbarer Nähe eurer Schule die Anlage und Pflege einer „Schmetterlingswiese" nicht möglich ist, könnt ihr euch an den Förster, den Naturschutzbund oder den Ortsverein des BUND wenden (siehe Pinnzettel S. 55). Erkundigt euch in eurer Gemeinde.

In der freien Natur gibt es oft Flächen, die bedroht sind, weil Büsche und andere Gehölze in die Wiesen hineinwachsen.
Fragt nach, ob ihr euch an den Arbeiten zur Erhaltung und Pflege eines solchen Biotops beteiligen könnt.

Jetzt geht's aber los …

12 Überlegt und notiert euch gemeinsam einen **Arbeitsplan**:
a) Welche Arbeiten müssen erledigt werden, um den *Lebensraum Wiese* zu verbessern?

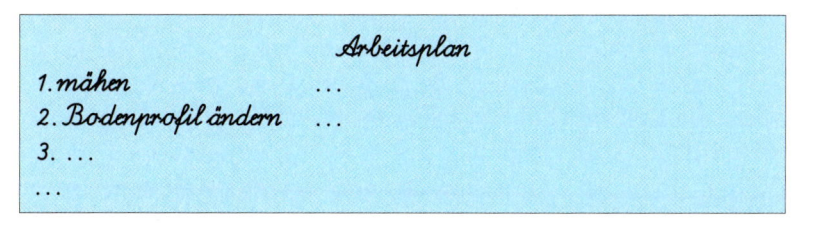

> *Arbeitsplan*
> 1. *mähen* …
> 2. *Bodenprofil ändern* …
> 3. …
> …

b) In welcher Reihenfolge und zu welcher Jahreszeit müssen die Arbeiten ausgeführt werden?
c) Welche Gartengeräte und sonstiges Material braucht ihr? Wo bekommt ihr es?
d) Teilt die anfallenden Arbeiten ein.
   Schubkarren besorgen – *Peter, Jan*
   … – …

Muss die Wiese gemäht werden?

… und nun wird's spannend!

13 a) Du musst viel Geduld haben beim Beobachten. Berichte in der Klasse, wenn sich etwas verändert oder wenn du ein Insekt beobachtet hast.
b) Trage deine Beobachtungen in ein Blatt ein. Es gehört auch zu eurer Wandzeitung.

Es tut sich was!	
wann?	*was?*
14.6.95, 15.30 Uhr, Sonnenschein	*auf der Brennnessel krabbelt eine braune Raupe (4 cm lang)*
…	…

c) Fotografiert die Arbeitsschritte und Ergebnisse,
   z. B. wie ihr das Wiesenstück am Anfang untersucht,
         wie ihr arbeitet,
         was ihr beobachtet,
         …
   Die Fotos gehören auch zu eurer Wandzeitung!

14 Fasst die Ergebnisse eures Projektes zusammen und stellt sie der Öffentlichkeit vor.

Mario Bolognese
Die Betonblume

Schon lange lagen der König von Betonien und die Königin der Erde miteinander in Streit.
„Das ist kein Leben mehr", klagten die Lebewesen der Erde, die Ameisen, Käfer, Schmetterlinge und die vielen Pflanzensamen und Wurzeln. Sie waren eingeschlossen, konnten nicht mehr atmen, lebten wie in einem Kerker, dessen Tür zubetoniert ist. Immerfort suchten sie einen Spalt, eine Ritze um ans Sonnenlicht zu kommen. Aber da der König von Betonien alles ordentlich und gründlich haben wollte, legte er seinen grauen, harten Mantel über die Erde ohne sich um den Widerspruch von unten zu scheren.
Der König von Betonien hatte großartige Maschinen und Werkstätten und viele Wissenschaftler. Aber die Königin der Erde besaß das uralte Wissen vom Feuer, von den Pflanzen, von tief verschütteten Gesteinen und Erzen. In geheimen Höhlen gingen ihre Magier und Zwerge ans Werk, fügten dieses und jenes zusammen und mischten verschiedene Samen und Wurzeln. Und in einer schönen Nacht – den schönen Tag gab es ja nur oben – war es so weit: Die Betonblume war geschaffen. Schon schlug sie zornig gegen die graue Decke. Und es gelang ihr: Sie durchbrach den Beton und drang ans Sonnenlicht. Sie war grün, hatte einen hübschen, flaumigen Silberrand und viele rotgelbe Knospen.
Auf jeder Straße und auf jedem Platz brachen Betonblumen hervor, verbreiteten sich und wurden groß wie Bäume. Auch ihre Knospen wurden größer, öffneten sich im Sonnenlicht und begannen ganz eigenartig zu duften.

Die Arbeiter des Königs von Betonien kamen mit ihren Universalschneidemaschinen angefahren – doch da stieg der Duft in ihre Nasen und sie begannen zu vergessen, dass sie gekommen waren um die Pflanzen abzusägen. Sie lächelten, träumten vor sich hin und schliefen schließlich ein.

Die Kinder von Betonien hatten zuerst ein wenig Angst, aber dann feierten sie ein großes Fest, das Betonblumenfest. Und sie bestaunten die eifrig umherlaufenden Ameisen, die krabbelnden Käfer, die flatternden Schmetterlinge. So etwas hatten sie noch nie gesehen. Sie kletterten auf die kräftigen Äste der Betonblume und jedes Mal, wenn der Beton einen neuen Sprung bekam, tanzten und sprangen sie herum.

Die schönen Pflanzen waren wie ein Zeichen des Lebens und der Freude, und als sie den ganzen Betonboden der Stadt durchlöchert hatten, musste der stolze König von Betonien klein beigeben: Er schloss Frieden mit der Königin der Erde.

Und seither hat jede Straße, jeder Platz, jede Häusergruppe ihren grünen Fleck – Wiesen, Bäume und Sträucher.

Vielleicht hat der König von Betonien sich sogar selbst ein wenig geändert, vielleicht denkt er weniger an seine Maschinen und lernt es, heiter und fröhlich zu sein.

Im Grunde sind wir alle wie die Bäume: Wir brauchen ein Stück Erde, wenn wir uns an der Sonne erfreuen wollen.

15 Male ein Bild!
Wie stellst du dir Betonien oder den König oder die Königin oder … vor?

16 Bastelt Blumen aus Krepppapier für ein Betonblumenfest in eurem Klassenzimmer.

17 Spielt die Geschichte.
a) Lest im Text nach, welche Personen und Tiere vorkommen.

b) Entwerft und bastelt einfache Verkleidungen.

c) Gliedert die Geschichte in Abschnitte.
An welchen Stellen ändern sich
- Ort,
- Personen,
- Handlung?

d) Verteilt die Rollen.

e) Spielt das Stück gemeinsam.

11 Texte überarbeiten

Am Beispiel der folgenden Geschichte lernst du deine Texte selbst zu überarbeiten. Du musst diese Geschichte aber gründlich lesen. Oft hat man dazu keine Lust mehr. Du wirst aber sehen, dass sich diese Mühe lohnt.

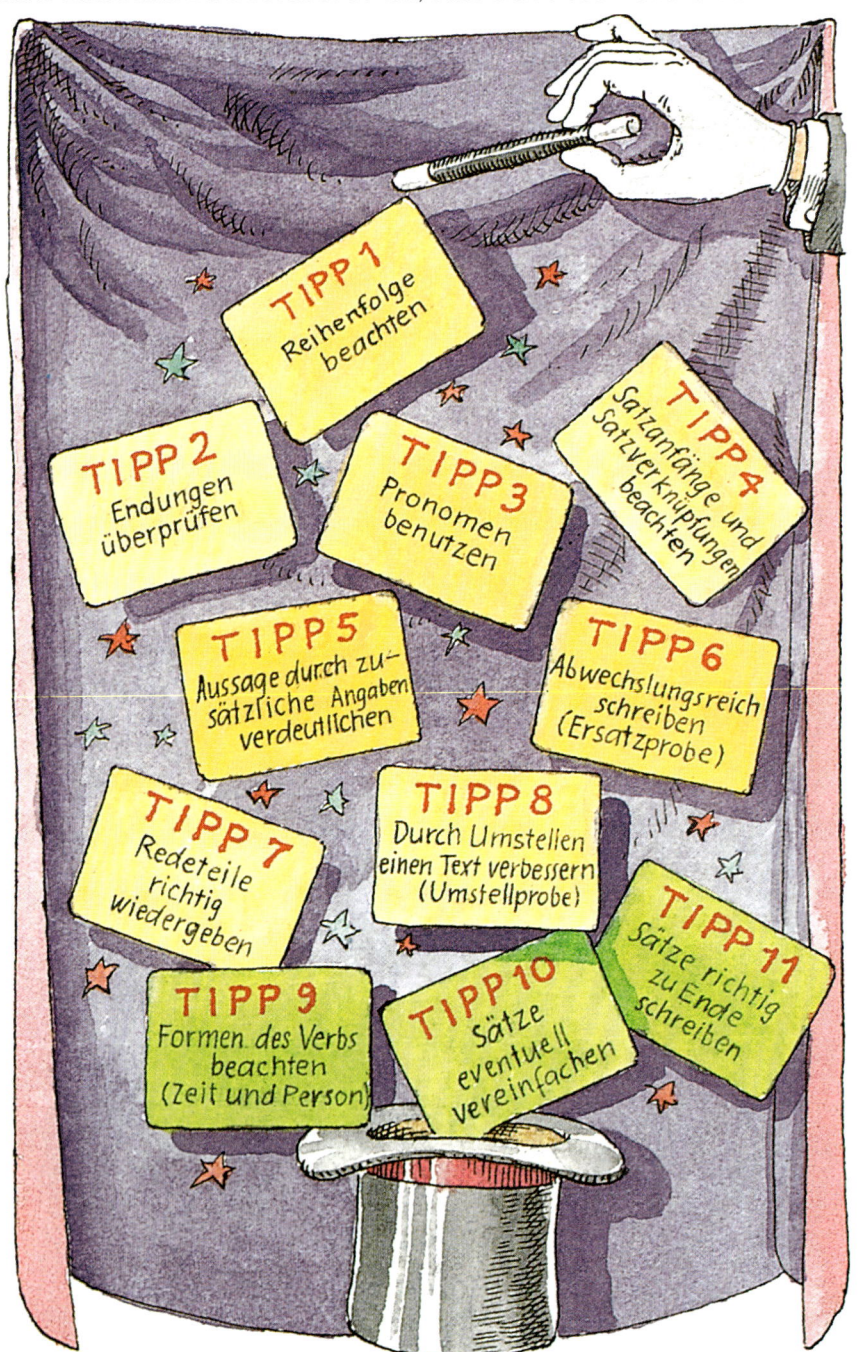

TIPP 1 Reihenfolge beachten

TIPP 2 Endungen überprüfen

TIPP 3 Pronomen benutzen

TIPP 4 Satzanfänge und Satzverknüpfungen beachten

TIPP 5 Aussage durch zusätzliche Angaben verdeutlichen

TIPP 6 Abwechslungsreich schreiben (Ersatzprobe)

TIPP 7 Redeteile richtig wiedergeben

TIPP 8 Durch Umstellen einen Text verbessern (Umstellprobe)

TIPP 9 Formen des Verbs beachten (Zeit und Person)

TIPP 10 Sätze eventuell vereinfachen

TIPP 11 Sätze richtig zu Ende schreiben

→ S. 106

Wenn du die folgenden Übungsvorschläge bearbeitest, hast du am Ende die Geschichte von „Bernhard und Bernhard" vollständig in deinem Heft stehen.

Bernhard und Bernhard

Eigentlich war … ein Julitag wie jeder andere, vielleicht war … heute ein wenig heißer als die Tage zuvor. … war das nur recht, morgen wollte … mit Frau und Kindern in Urlaub fahren.
„Diese Tour fahre … noch, dann mache … Feierabend", murmelte … vor … hin, und fuhr gut gelaunt mit … Taxi zu einer Kundin.
… hatte die Tour über Funk vermittelt bekommen und die Funkerin aus der Taxizentrale hatte gesagt, dass … Fahrgast ein Hund sein würde.
„Wenigstens kann ein Hund nur sabbern und nicht sabbeln", dachte …, denn sein letzter Fahrgast war … gehörig auf die Nerven gegangen mit … Gerede.
Einen kleinen Schreck bekam Herr Fulge dann doch, als … den Fahrgast sah. „Keine Angst, der ist vollkommen harmlos und fährt gern im Auto mit", sagte Frau Kramer, die das Taxi bestellt hatte, „und bis zum Bahnhof möchte … sowieso noch mitfahren." Herr Fulge lächelte verlegen. „Solange er nicht hinter dem Steuer sitzen will", sagte … und streichelte den Bernhardiner behutsam hinter dem Ohr. Der bedankte sich bei Herrn Fulge und leckte … die Hand.

1 Vervollständige den Text, indem du
   a) den Namen der handelnden Person (Bernhard Fulge) an einer passenden Stelle einführst,
   b) die richtigen Pronomen in der richtigen Form einsetzt.
   Die Pronomen im Pinnzettel kommen ein- oder mehrmals vor.

TIPP 3

Pronomen benutzen

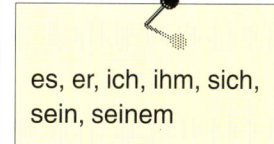

es, er, ich, ihm, sich, sein, seinem

Satzanfänge und Satzverknüpfungen beachten

→ S. 110

Igitt, nun lass das, Bernhard, sagte Frau Kramer und wie bitte und woher kennen Sie meinen Vornamen, fragte Bernhard Fulge verdutzt und griff nach einem Koffer und den hatte Frau Kramer schon in den Flur gestellt und Frau Kramer lachte und nein, entschuldigen Sie, aber ich meine den Hund, sagte sie, und er gehört meinem Bruder und der meint, ein Bernhardiner könne nur Bernhard heißen, und Bernhard sah Bernhard mit treuen Augen an, und na bitte, er mag Sie und ich habe drei Wochen auf ihn aufgepasst … oder besser er auf mich, sagte Frau Kramer, und mein Bruder kommt heute aus dem Urlaub zurück und ich fahre gleich nach Österreich, und wenn Sie mich am Bahnhof abgesetzt haben, müssen Sie Bernhard nur noch in die Däumlingswiese 6 fahren.

2 Verbessere diesen Abschnitt, indem du
   a) die direkte Rede kennzeichnest,
   b) das häufige „und" vermeidest,
   c) entscheidest, wo ein Satz zu Ende sein soll,
   d) überprüfst, ob die Sätze sinnvoll miteinander verbunden sind.

„Na prima, ich wohne ein paar Straßen weiter und wollte (1) sowieso Feierabend machen." Als sie in das Taxi stiegen, sprang der Hund auf die Rückbank und blickte (2) aus dem linken Fenster. Der Bernhardiner sah Frau Kramer (3) noch eine Weile hinterher, bis sie (4) verschwunden war.

„Na, Bernhard, alles klar da hinten?", fragte Bernhard Fulge. Als Antwort knurrte der (5) Hund zufrieden und stupste Herrn Fulge mit der Schnauze (6) am Hinterkopf.

Erst als sie in die Däumlingswiese abbogen, wurde der Hund etwas unruhiger. Er versuchte sich (7) aufzurichten und sein Schwanz schlug (8) zwischen dem Beifahrersitz und der Rückbank hin und her.

„Ruhig, mein Kleiner, gleich bist du ja wieder bei deinem Herrchen", beruhigte ihn Herr Fulge. Der Hund sprang auf die (9) Spielstraße, lief auf die Hausnummer 6 zu und sprang (10) über den Vorgartenzaun.

TIPP 5 — Aussage durch weitere Angaben verdeutlichen

3 Durch zusätzliche Angaben an den mit Zahlen gekennzeichneten Stellen wird der Text noch deutlicher.
Setze die folgenden Textteile sinnvoll ein:

> neugierig ● sanft ● mit einem weiten Satz ● nach dieser Tour ●
> aufgeregt ● unbefahrene ● mit seinen großen dunkelbraunen Augen ●
> im Bahnhofsgebäude ● in dem für ihn zu engen Auto ● riesige

Abwechslungsreich schreiben (Ersatzprobe)

Herr Fulge war über die Gewandtheit des so tollpatschig und behäbig wirkenden Tieres … . Er selbst zog es jedenfalls vor, durch die kleine Pforte zu gehen. Der Bernhardiner … schon vor der Haustür, bellte und fegte mit dem Schwanz den Treppenabsatz sauber.

Herr Fulge klingelte. Der Hund hatte sich auf alle viere … und schubste Herrn Fulge beiseite. Dann … der Bernhardiner auf die Hinterbeine und schlug mit der Vorderpfote auf die Türklinke. Aber die Tür war verschlossen.

Nachdem Herr Fulge noch einige Male geklingelt hatte, … er um das kleine Einfamilienhaus. „Tja, mein Lieber, dein Herrchen scheint noch nicht zu Hause zu sein", … Herr Fulge zu dem Hund, der immer noch vor der Haustür hockte. „Oh, oh, oh, was machen wir jetzt nur?" Der Hund sah Herrn Fulge mit traurigen Augen an.

„Komm, wir fahren zu mir, wahrscheinlich hat dein Herrchen den Zug oder das Flugzeug … und kommt ein paar Stunden später." Herr Fulge … mit dem Hund, als würde der ihn verstehen, und der Bernhardiner folgte ihm ins Auto. Zu Hause herrschte große Aufregung. Frau Fulge war gerade von der Arbeit gekommen und …, als sie ihrem Mann mit dem Hund im Treppenhaus begegnete. Als ihr Mann ihr die Geschichte im Flur erzählt hatte und sie in die treuen Augen des Bernhardiners sah, sagte sie schließlich lachend: „Na, das ist ja schon der zweite Bernhard, bei dem ich schwach geworden bin."

4 Suche für die Lücken jeweils mehrere mögliche Ausdrücke: Es müssen nicht immer nur einzelne Wörter sein!
Setze sie probeweise im Text ein. Lass am Ende das stehen, was nach deiner Ansicht in diesen Text hier am besten passt.

Silke schnitt gerade auf der Küchenanrichte einige Tomaten klein, als Frau und Herr Fulge die Tür aufschlossen. Die Küchentür sprang auf und Silke grüßte ohne sich umzudrehen, hallo, ihr beiden. Sag mal, Vati, willst du deine Würstchen kalt oder warm essen?, fragte Harald, der gerade die Schüssel mit dem Kartoffelsalat aus dem Eisschrank holte. Als Antwort erhielt er ein lautes Schmatzen. Ei, du frisst ja wie ein …, sagte Silke und beide drehten sich erschrocken um; so hatten sie ihren Vater noch nie schmatzen hören.
Ein Be Be Be, stammelte Harald und ließ die Schüssel fallen. Bernhardiner oder auch Vielfraß, ergänzte Silke und schnappte sich die dreieinhalb übrig gebliebenen Würstchen vom Teller. Das halbe Würstchen warf sie dem Hund zu. Er verschlang es in null Komma nichts auch noch.
Herr Fulge erzählte den Kindern, was passiert war. Ich werde mir die Nummer heraussuchen und dort in regelmäßigen Abständen anrufen. Name und Adresse habe ich ja, sagte Herr Fulge. Und wenn der Besitzer nicht zu Hause ist, verhungern wir hier, meinte Harald. Bernhard, der Hund, trottete in Silkes und Haralds Zimmer und legte sich in eine schattige Ecke neben dem Etagenbett.

5 Setze die Zeichen für die direkte Rede ein.

Redeteile richtig wiedergeben

→ S. 110

Durch Umstellen einen Text verbessern (Umstellprobe)

„Prost Mahlzeit", sagte Silke. In das Wohnzimmer setzte sich Frau Fulge nach dem kargen Essen. Herr Fulge machte den Abwasch und rief zwischendurch immer wieder bei Herrn Kramer an. Aus dem Wohnzimmer rief dann Frau Fulge: „Bernhard, bringst du mir bitte die Fernsehzeitung? Total erledigt bin ich." Frau Fulge arbeitete als Verkäuferin und hochlegen musste sie erst mal die Beine nach acht Stunden hinter dem Ladentisch. Von Silkes Schreibtisch schnappte sich die Fernsehzeitung Bernhard und brachte sie ins Wohnzimmer. Frau Fulge sah gar nicht, dass Bernhard neben ihr hockte.

„Wo ist denn die Zeitung?", rief Herr Fulge aus dem Flur. Die Augen öffnete Frau Fulge und sah, wie mit der Zeitung in der Schnauze der Hund neben ihr saß. Vorsichtig nach der Zeitung griff sie und fragte lachend den Hund, ob er Bernhards Diener sei. Hinter den Ohren kraulte sie den Hund.

„Hund müsste man sein", murmelte Bernhard Fulge, als er ins Wohnzimmer kam.

Noch immer nicht am Telefon meldete sich nach zwei Stunden Herr Kramer. „Einer von uns sollte mal mit dem Hund vor die Tür gehen", meinte Silke. „Hat jemand eine Leine?", fragte sie ihren Vater. „Die liegt im Auto", antwortete Herr Fulge. „Sagt mal, was wir nun machen, wenn Herr Kramer sich bis morgen früh nicht meldet. Schließlich wollen wir ja morgen in Urlaub fahren!"

6 Der Text klingt holprig.
Du kannst ihn wesentlich verbessern, wenn du Textteile umstellst.

„Dann fahren wir eben erst los, sobald du ihn erreicht hast", schlug Harald vor.
Frau Fulge gibt zu bedenken: „Ist es nicht besser, wir rufen erst einmal im Tierheim an und fragen dort nach, was man mit Bernhard machen kann?"
Silke schlug vor: „Harald und ich können ja mit dem Hund Gassi gehen. Herr Kramer wohnt doch nur ein paar Straßen weiter. Dann können wir auch gleich die Nachbarn fragen, ob die den Hund nehmen könnten und …" „und auf dem Rückweg gleich in einen Imbiss gehen. Mein Magen knurrt", wird Harald sie unterbrechen. Also waren die beiden mit dem Hund spazieren gegangen. Harald wird die Leine halten und es war nicht ganz klar, wer wen an der Leine führte – Bernhard zieht jedenfalls so stark an der Leine, dass Harald Schwierigkeiten hatte ihm zu folgen.
Als sie ankommen und bei Herrn Kramers kleinem Haus klingeln, öffnete niemand die Tür. Da macht der Bernhardiner einen Satz mit den Vorderpfoten, schlug auf die Türklinke – und die Tür sprang auf.

7 Hier stimmt doch was nicht! Wann passiert das alles? Früher? Jetzt? Du findest es leichter heraus, wenn du mit dem Anfang der Geschichte vergleichst.

> Formen des Verbs beachten (Zeit und Person)

TIPP 10

> Sätze eventuell vereinfachen

Harald fragte ängstlich, ob Vati nicht eben gesagt habe, dass die Tür zu war und sagte außerdem, „Jetzt wird's mir aber langsam unheimlich." Der Bernhardiner rannte ins Haus, wohin Silke dem Hund folgte und dabei rief, „Hallo, ist da jemand", worauf aber niemand sich meldete, zugleich Harald im Flur langsam hinter ihr herschlich, während sie aus einem Zimmer Popmusik hörten.
Bernhard lief in die Küche, wo nämlich ein frisch gefüllter Fresstrog und eine Schale Wasser standen, und über das Fressen machte der Hund sich her, Harald dagegen stammelte, „das gibt's doch gar nicht", denn die Musik kam aus dem Wohnzimmer, aber auch dort war niemand, wie Silke feststellte.
Plötzlich rannte Bernhard aus der Küche und schoss durch den Flur und dann durch die offene Haustür, während Silke und Harald hinterherliefen und ein Mann über die Straße kam, auf den der Hund zurannte, nachdem er einen Satz über den Zaun gemacht hatte und den er ansprang und dabei bellte und mit dem Schwanz wedelte vor Freude.
„Na bitte, das ist ja wohl Herr Kramer", sagte Silke, und „Willkommen daheim", murmelte Harald und verschränkte die Arme, woraufhin Herr Kramer „Hallo, habt ihr meinen Bernhard gebracht?" fragte, als er mit dem Hund durch die Pforte kam.

8 Dieser Textabschnitt klingt umständlich. Du kannst ihn verbessern, indem du kürzere und einfachere Sätze schreibst.

Silke erzählte Herrn Kramer den Ablauf der Ereignisse und dem Herrn Kramer war die Geschichte sehr unangenehm. „Ich hatte meinen Zug verpasst. Ich wusste ja, dass meine Schwester den Hund mit dem Taxi wollte sie ihn hierher bringen. Als ich nach Hause kam, klingelte ich bei den Nachbarn, aber die scheinen auch alle im Urlaub zu sein. Also suchte ich Bernhard überall und ließ die Haustür auf. Falls er in der Nähe einfach ausgesetzt worden wäre, den Weg nach Hause hätte er auch allein gefunden. Und wenn er die Musik gehört und das Fressen in der Küche gefunden hätte, hätte er gewusst, dass ich bin wieder daheim. Es tut mir wirklich sehr Leid, wie kann ich das nur wieder gutmachen?"
„Ist doch alles halb so schlimm", sagte Silke. Wir hatten nur Angst, morgen nicht nach Spanien fahren zu können, weil wir ..." „Und das Essen fiel heute sehr mager aus, denn Bernhard hat uns fast alles weggefressen", beschwerte sich Harald.
„Na prima, dann einlade ich euch und eure Eltern in das spanische Restaurant sozusagen als Vorgeschmack auf euren Urlaub. Eure Eltern rufen wir einfach an", schlug Herr Kramer vor. „Und Bernhard?", fragte Silke. „Der bleibt hier. Der mag kein spanisches Essen, der steht mehr auf Würstchen", sagte Herr Kramer.
Silke und Harald lachten: „Darauf wären wir nie gekommen", sagte Silke.

9 Hier stimmt an vier Stellen die Reihenfolge der Wörter im Satz nicht. Schreibe die Sätze so auf, dass Satzanfang und -ende einen Sinn ergeben.

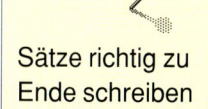

> Sätze richtig zu Ende schreiben

12 Schreib doch mal!

In diesem Kapitel findest du Ideen und Beispiele, die dir helfen sollen eigene Geschichten oder Gedichte zu schreiben.
Du entscheidest alleine, welche Texte du schreiben möchtest. Ob sie lustig oder traurig, spannend oder gruselig, lang oder kurz sind, entscheidest du auch selber.
Manche dieser Schreibanregungen sind für eine Gruppe gedacht. Hier müsst ihr klären, ob alle die Regeln verstanden haben, bevor ihr anfangt zu schreiben.
Andere Schreibanregungen könnt ihr gut allein bearbeiten und eure Geschichten dann mit anderen besprechen, wenn ihr fertig seid.
Am Ende kannst du zum Beispiel aus allen Geschichten ein kleines Buch zusammenstellen, das du auch verschenken kannst.

Übrigens: Geschichten kannst du auch gut zu Hause erfinden, bei langen Autofahrten und immer dann, wenn dir langweilig ist.

Namengeschichten

Schreibe die Buchstaben deines Vornamens untereinander.

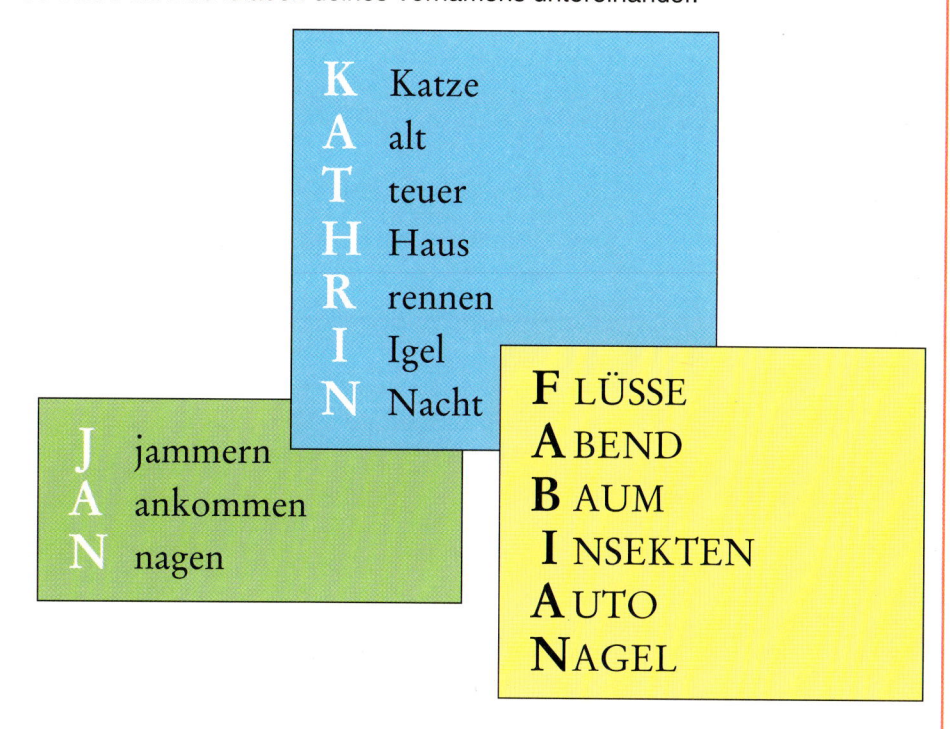

K Katze
A alt
T teuer
H Haus
R rennen
I Igel
N Nacht

J jammern
A ankommen
N nagen

F LÜSSE
A BEND
B AUM
I NSEKTEN
A UTO
N AGEL

– Gib das Blatt mit den Buchstaben an deinen Tischnachbarn/deine Nachbarin weiter.
– Er oder sie schreibt zu jedem Buchstaben ein Wort.
– Legt alle Blätter verdeckt auf einen Stapel. Mischt sie kräftig.
– Jetzt zieht jeder ein Blatt und schreibt eine Geschichte, in der er die angegebenen Wörter verwendet.
– Lest eure Geschichten vor oder verschenkt sie an …

Du kannst noch mehr Namengeschichten schreiben.

Es gibt verschiedene Möglichkeiten, probiere:
– alle in deiner Gruppe haben das gleiche Ausgangswort
– du nimmst den Namen deiner besten Freundin oder deines besten Freundes
– du wählst ein Wort, das dir besonders gut gefällt, z. B. Monotoga
– ihr beschließt, nur Substantive, nur Verben oder nur Adjektive zu verwenden
– ihr legt fest, dass die Wörter in der gleichen Reihenfolge eingesetzt werden müssen, oder …

Schreiben mit Bildern und Zeichen

Die alten Ägypter schrieben mit Bildzeichen – HIEROGLYPHEN.

	HIEROGLYPHE	ALS BILD	ALS LAUT
A		Unterarm	B<u>a</u>ll, R<u>a</u>d
Ä		Geier	B<u>ä</u>lle, B<u>ä</u>r
AI		Unterarm und blühendes Schilf	K<u>ai</u>ser, M<u>ai</u>
AU		Unterarm und Wachtelküken	B<u>au</u>ch, M<u>au</u>er
ÄU		Wachtelküken und blühendes Schilf	B<u>äu</u>me, Tr<u>äu</u>me
B		Fuß	B<u>ein</u>, Nar<u>b</u>e
		Korb	<u>C</u>amping, <u>C</u>lown
C		Brotlaib und gefaltetes Tuch	<u>C</u>ircus, <u>C</u>elsius
		Weidestrick	<u>C</u>ello, <u>C</u>embalo
		Tierleib mit Zitzen und Schwanz	He<u>ch</u>t, Li<u>ch</u>t
		(unbekannt)	Bu<u>ch</u>e, Na<u>ch</u>t
CH		Korb	<u>Ch</u>arakter, O<u>ch</u>se
		Teich	<u>Ch</u>ance, <u>Ch</u>ef
		Weidestrick	<u>Ch</u>arlie, <u>Ch</u>icago
CK		zwei Körbe	Fle<u>ck</u>, Zu<u>ck</u>er
D		Hand	<u>D</u>ach, Hun<u>d</u>
		blühendes Schilf	F<u>e</u>der, N<u>e</u>bel
E		Geier	B<u>e</u>rg, L<u>e</u>rche
		blühendes Schilf	Lerch<u>e</u>, Neb<u>e</u>l
EI		Unterarm und blühendes Schilf	<u>Ei</u>mer, R<u>ei</u>ter
EU		Wachtelküken und blühendes Schilf	<u>Eu</u>ter, H<u>eu</u>
F		Hornviper	<u>F</u>eder, Schil<u>f</u>
		Topfständer	<u>G</u>ans, Waa<u>g</u>e
		Tierleib mit Zitzen und Schwanz	Köni<u>g</u>, Seli<u>g</u>keit
G		Kobra	<u>G</u>entleman, <u>G</u>in
		Mattenschutz im Feld und Teich	<u>G</u>arage, <u>G</u>enie
		Docht	<u>H</u>emd, <u>H</u>ose
H		Mattenschutz im Feld	Ko<u>h</u>le, Za<u>h</u>n
I		blühendes Schilf	B<u>i</u>ld, <u>I</u>ltis

	HIEROGLYPHE	ALS BILD	ALS LAUT
IE		blühendes Schilf	Kn<u>ie</u>, L<u>ie</u>be
J		blühendes Schilf	<u>J</u>unge, Ben<u>j</u>amin
		Kobra	Ban<u>j</u>o, <u>J</u>eans
K		Korb	<u>K</u>orb, <u>K</u>rake
L		offener Mund	Fa<u>l</u>ke, <u>L</u>öwe
M		Eule	Ka<u>m</u>el, <u>M</u>aus
N		Wasser	E<u>n</u>te, <u>N</u>ase
O		Wachtelküken	<u>O</u>hr, R<u>o</u>st
Ö		Wachtelküken und blühendes Schilf	M<u>ö</u>we, <u>Ö</u>se
P		Mattenstuhl	<u>P</u>uma, <u>P</u>umpe
PH		Hornviper	<u>Ph</u>arao, Stro<u>ph</u>e
QU		Böschung und Wachtelküken	Ka<u>u</u>l<u>q</u>uappe, <u>Qu</u>alle
R		offener Mund	<u>R</u>ind, To<u>r</u>
S		Türriegel	<u>S</u>äge, Wie<u>s</u>e
		gefaltetes Tuch	A<u>s</u>t, We<u>s</u>pe
ß/SS		gefaltetes Tuch	Ru<u>ß</u>, Stra<u>ß</u>e
SCH		Teich	<u>Sch</u>ule, Ta<u>sch</u>e
SP		Teich und Mattenstuhl	<u>Sp</u>iel, <u>Sp</u>inne
ST		Teich und Brotlaib	<u>St</u>ein, <u>St</u>orch
T		Brotlaib	Flö<u>t</u>e, <u>T</u>opf
TH		Brotlaib	Me<u>th</u>ode, <u>Th</u>eater
U		Wachtelküken	F<u>u</u>chs, <u>U</u>hu
Ü		Wachtelküken und blühendes Schilf	M<u>ü</u>cke, R<u>ü</u>be
V		Hornviper	Moti<u>v</u>, <u>V</u>ater
		Wachtelküken	Skla<u>v</u>e, <u>V</u>irus
W		Wachtelküken	Sch<u>w</u>albe, <u>W</u>asser
X		Korb und gefaltetes Tuch	He<u>x</u>e, Lu<u>x</u>us
		Wachtelküken und blühendes Schilf	Ph<u>y</u>sik, P<u>y</u>ramide
Y		blühendes Schilf	<u>Y</u>acht, <u>Y</u>oga
		blühendes Schilf	Bab<u>y</u>, Grizzlbär
Z		Brotlaib und gefaltetes Tuch	Her<u>z</u>, <u>Z</u>ahn

Freies Schreiben 75

Ordne die Wörter Teich, Buch, Strauch, Knecht und Loch den folgenden Hieroglyphen zu.

1.
2.
3.
4.
5.

(Schlüsselteil)

Entschlüssle folgende Zeichen:

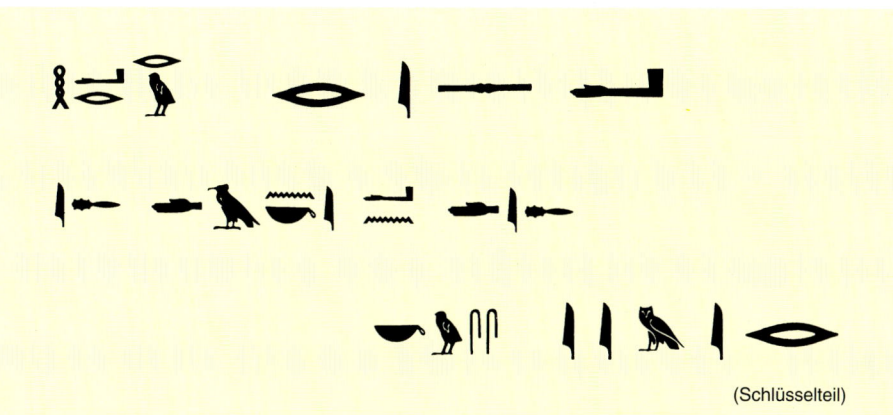

Die Zeichen stehen nicht immer hintereinander.

(Schlüsselteil)

Zeichne deinen Namen mit Hieroglyphen.
Z. B.:

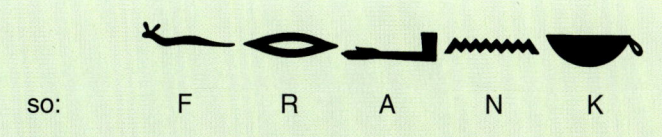

so: F   R   A   N   K

oder so:

       F   N
        A
       R   K

- Zeichne eine kleine Geschichte mit Hieroglyphen. Deine Nachbarin/ Dein Nachbar soll sie entschlüsseln.

- Erfindet gemeinsam eigene Zeichen für Buchstaben oder ganze Wörter. Schreibt euch damit Briefe oder kurze Nachrichten.

Bilder sprechen

Zwei Jäger – eine Wildkatze – ein Jäger – eine Wildkatze …

Erfinde und zeichne auch so ein verblüffendes Warnschild.

Freies Schreiben 77

Erfinde verschiedene Geschichten zu den Bildern auf diesen beiden Seiten.

Arbeitstechniken

Abschreiben

Wortlisten abschreiben

Einprägen	Das Wort ansehen und einprägen, dabei leise mitsprechen, mit einem Blatt Papier abdecken.
Aufschreiben	Aus dem Gedächtnis aufschreiben, leise mitsprechen, mit der Vorlage vergleichen.
Berichtigen	Das falsch geschriebene Wort durchstreichen und richtig daneben schreiben.
Überprüfen	Zum Schluss noch einmal alle Wörter mit der Vorlage vergleichen, besonders die, bei denen du noch unsicher warst.

Texte abschreiben

| Durchlesen | Den ganzen Text vorher durchlesen und Unbekanntes klären. |
| Aufschreiben | Einen Satz lesen und in einzelne Abschnitte einteilen: |

Heute früh kam Eva   *gerade noch pünktlich*   *zur Schule.*

Den Satzteil aus dem Gedächtnis aufschreiben und mit der Vorlage vergleichen.

| Berichtigen | Falsch geschriebene Wörter durchstreichen und richtig darüber schreiben. |
| Überprüfen | Den ganzen Satz noch einmal mit der Vorlage vergleichen und besonders auf die Wörter achten, bei denen du noch unsicher warst. |

Nicht Buchstabe für Buchstabe abschreiben, sondern in einem Zug das ganze Wort.

Nicht nur einzelne Buchstaben streichen, sondern das ganze Fehlerwort.

Nicht Wort für Wort abschreiben, sondern einzelne Satzteile.

Stichwörter

Du kennst Stichwörter schon von einem Einkaufszettel.

Z. B.: Am Morgen, bevor du in die Schule gehst, sagt deine Mutter zu dir: „Bringe bitte nach der Schule fünf Brötchen mit. Du weißt schon, welche. Dann brauchen wir noch ein Glas Erdbeermarmelade. Denke bitte daran, dass du Frau Prüfer wegen des Elternabends Bescheid sagst. Ach so, für das Abendessen könntest du auch noch ein Bund Radieschen und ein Kilogramm Äpfel mitbringen. Vergiss bitte nichts!"

> Wie sieht dein Einkaufszettel aus? Schreibe ihn in dein Heft.

Stichwörter sind wichtige Wörter, die du dir als **Gedächtnisstütze** aufschreibst, damit du etwas besser behalten kannst.

Das Wichtigste im Text erkennen – Stichwörter notieren

- Schreibe den folgenden Satz vom Anschlagbrett der Schule in dein Heft.

> *Am kommenden Montag, zwei Tage vor den Osterferien, kommen um 8.00 Uhr früh die Handwerker in die Schule um die Heizung zu reparieren, sodass für alle schulfrei ist.*

- Streiche im Heft alle Wörter mit einem Bleistift durch, die für dich als Schüler unwichtig sind. Zwei Stichwörter bleiben übrig. Welche?
- Versuche das noch einmal für den Hausmeister. Welche wenigen Stichwörter bleiben für ihn übrig?

Stichwörter für eine eigene Geschichte sammeln

← S. 12

An einem kalten Wintertag stieg das Schlossfräulein wieder einmal nach Nagold hinunter. Dort fand es unter einem dunklen Torbogen einen zerlumpten Bettler, der sich in eine alte Decke eingewickelt hatte und jämmerlich fror. Die Urschel …

- Überlege, wie die Geschichte weitergehen könnte.
  Schreibe in Stichwörtern auf, wie das Schlossfräulein dem Bettler hilft.
  Beim Notieren der Stichwörter können dir folgende Fragen helfen:

Wer …?	Wann …?
Wer tut etwas? Was geschieht?	Wie …?
Wo…?	Wem …?

- Schreibe deine Stichwörter untereinander in dein Heft oder auf einen Zettel.
- Erzähle die Geschichte mündlich zu Ende. Dazu kannst du den Stichwortzettel als Hilfe benutzen.

Für eine bestimmte Reihenfolge kannst du deine Stichwörter **nummerieren**.
1. …
2. …
3. …
…
Sonst genügen am Beginn jeder neuen Zeile **Spiegelstriche**.
– …
– …

**Arbeitstechniken
Diktatformen**

Dosendiktat

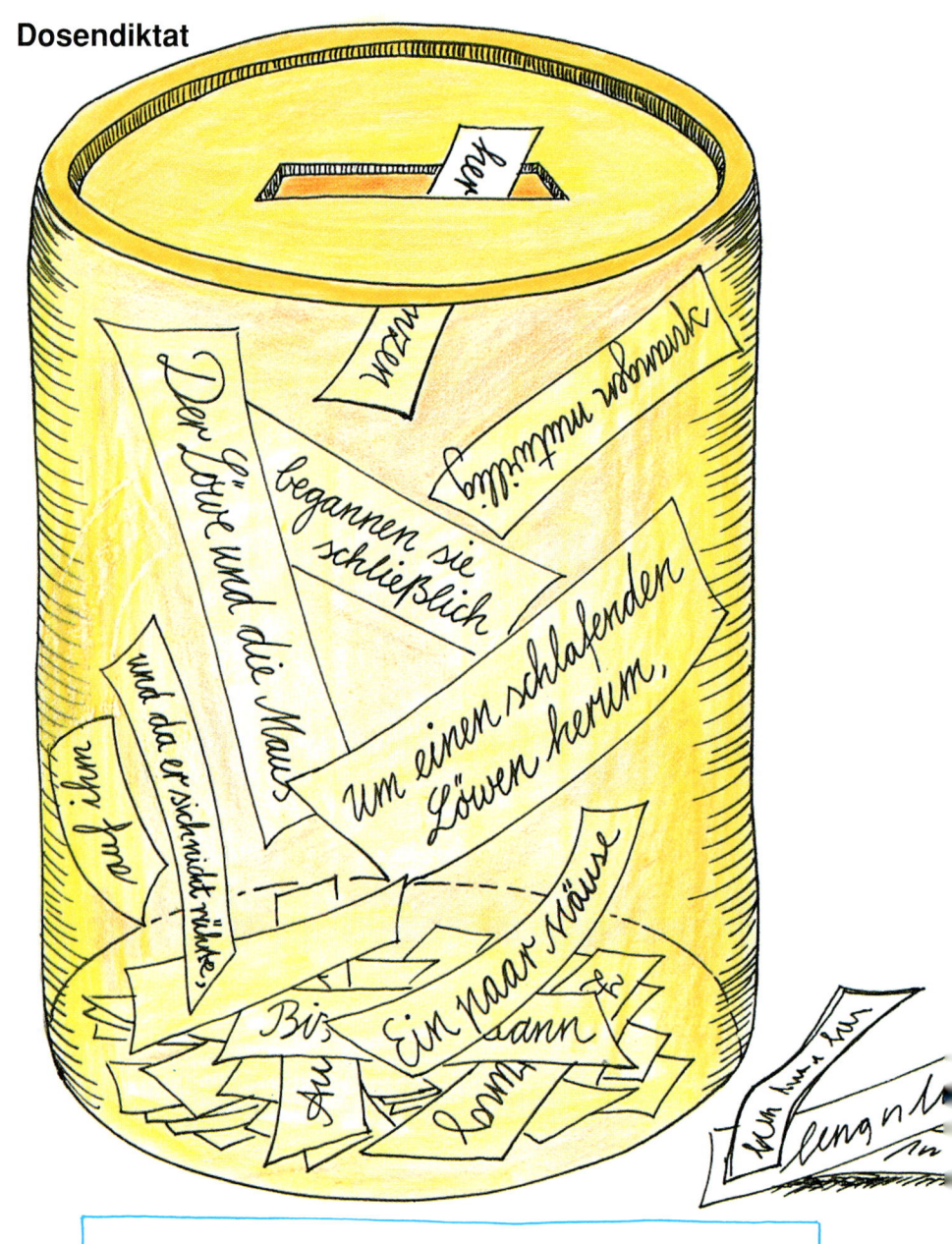

Der Löwe und die Maus
Ein paar Mäuse sprangen mutwillig
um einen schlafenden Löwen herum,
und da er sich nicht rührte,
begannen sie schließlich auf ihm
herumzutanzen. ...

Du brauchst zum Dosendiktat **2 gleiche** Texte.

- Zerschneide **einen** Text in Abschnitte, die du dir gut merken kannst.
- Nun setze alle Abschnitte wieder **lose** zusammen. Der unzerschnittene Text hilft dir, die Sätze wieder richtig zusammenzubauen.
- Jetzt lege den unzerschnittenen Text verdeckt zur Seite.
- Nimm den ersten Abschnitt deines zerschnittenen Textes, **betrachte ihn genau** und wirf ihn dann in eine Dose.
- Schreibe in dein Heft, was auf diesem Abschnitt stand.
- Abschnitt für Abschnitt verschwindet so in der Dose.
- Vergleiche nun den Text in deinem Heft mit dem unzerschnittenen Text, den du zur Seite gelegt hast.

Laufdiktat (für Sportler)

- Deine Lehrerin/Dein Lehrer hat einen kurzen Text mehrmals kopiert und an verschiedenen Stellen im Klassenzimmer ausgelegt.
- **Gehe** nun zu einer der Stellen und **präge dir** ein Stück des Textes gut **ein**.
- **Schleiche** zu deinem Platz zurück und **schreibe** in dein Heft, was du dir merken konntest.
- Mit viel Bewegung steht zum Schluss der ganze Text richtig in deinem Heft.

Lautlosdiktat

Dein Banknachbar/Deine Nachbarin hat den gleichen Text wie du.
Du gibst eine Zeile im Text an und sprichst aus dieser Zeile **lautlos** (nur sehr deutlich die Lippen bewegen!) ein Wort vor, das dein Mitschüler/deine Mitschülerin finden muss, usw.

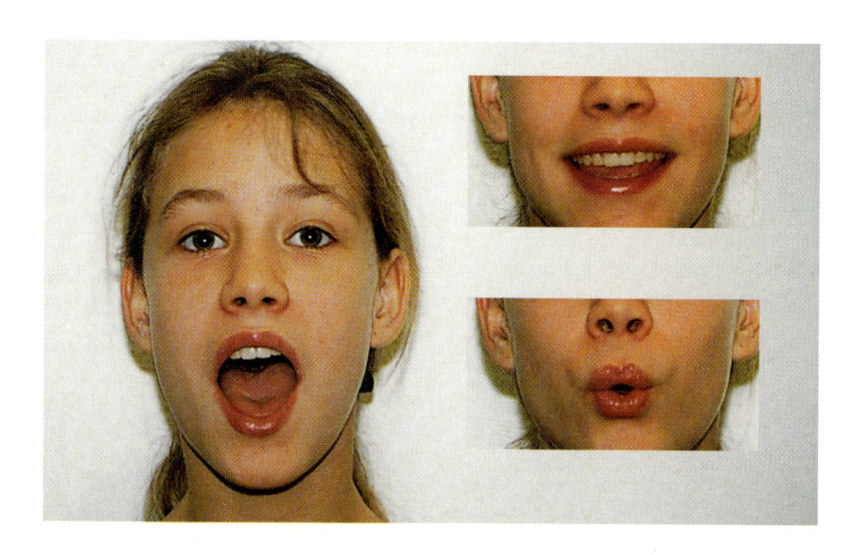

Lautlos!

Im Wörterbuch und Postleitzahlenbuch nachschlagen

Grundwort bestimmen

Im Wörterbuch sind die Wörter nach dem Abc geordnet.
Aber nicht jedes Wort ist unter seinem Anfangsbuchstaben zu finden.
Manchmal musst du erst das **Grundwort** bestimmen:

Notunterkunft	(zusammengesetztes Substantiv) findest du unter **Not** und **Unterkunft,**
Gänse	(Mehrzahl/Plural) unter **Gans** (Einzahl/Singular),
sie pfiff	(Personalform) unter **pfeifen** (Grundform/Infinitiv),
ausrutschen	(Verb mit Vorsilbe) unter **rutschen,**
eisglatt	unter **glatt.**

Probiere aus und schlage nach:
Puzzlespiel, Abenteuerurlaub, Bänke, Hüte, Zöpfe, er schrieb, sie sangen, sie trank, ausschütten, auswählen, vorspielen, haushoch, brühwarm, riesengroß.

An Leitwörtern orientieren

Schlage das Wörterbuch an der Stelle auf, wo du den gesuchten Anfangsbuchstaben nach dem Abc vermutest.
Auf jeder Doppelseite steht über einer Linie oben links und oben rechts ein dick gedrucktes **Leitwort**.
Vergleiche das gesuchte Wort mit den Leitwörtern: Steht es weiter vorne oder weiter hinten?
Blättere so lange, bis es zwischen zwei Leitwörter passt.

```
H   Hälfte                                              harmlos

die Hälfte, die Hälften          Der Klassenausflug war von lan-
die Halle, die Hallen            ger Hand vorbereitet. – In dieser
die Hallig, die Halligen         Auseinandersetzung hat sie alle
    hallo, mit großem Hallo      Trümpfe in der Hand. – Sie wehrt
der Halm, die Halme              sich mit Händen und Füßen ge-
der Hals, die Hälse, das Hals-   gen die Umschulung. – Hand
    band, das Halstuch           aufs Herz: stimmt das?
    halten, du hältst, er hielt, ge-  die Händel* (Streit)
    halten, die Haltung, haltbar,     handeln, er handelte, der
    halt an!                          Handel, der Händler, die
    Barfuß im Gebirge findet man      Handlung → behandeln
    keinen Halt. – Die Mutter hält    Wer mit der Hand etwas tat,
    große Stücke auf ihren Sohn. –    handelte. Heute gebraucht man
    Man muss sich mal vor Augen       dieses Wort nicht mehr für die
    halten, was ein Lichtjahr bedeu-  Tätigkeit der Hände.
    tet!                         das Handicap, die Handicaps
die Haltestelle, die Haltestellen, das Handtuch, die Handtücher
    das Halteverbot              das Handwerk
    Hamburg, der Hamburger,          Aus ‚Werk der Hand' wurde
    hamburgisch                      Handwerk und Handwerker.
der Hammel, die Hammel oder: der Hanf
    die Hämmel                   der Hang, die Hänge
der Hammer, die Hämmer, häm-     hängen, es hängt, das Kleid
    mern                             hing im Schrank, es hat lan-
    hampeln, er hampelte, der        ge gehangen
    Hampelmann                   hängen, sie hängt, sie häng-
der Hamster, die Hamster, hams-      te das Kleid auf, sie hat es
    tern                             auf einen Bügel gehängt
die Hand, die Hände, der Hand-       etwas an den Nagel hängen
    ball, die Handschrift, der       etwas an die große Glocke
    Handschuh, der Handstand,        hängen
    das Handtuch, die Hand voll  der Hänger (Anhänger), die Hän-
    Der Privatsekretär ist die rechte    ger
    Hand des Präsidenten. – Die      hänseln, sie hänselte
    Vorsitzende ließ ihrem Stellver-    hantig* (bitter, heftig)
    treter freie Hand. – Seine Vor-  hapern, es hapert an ... (es
    schläge sind gut, denn sie haben     fehlt an ...)
    Hand und Fuß. – Die Arbeiter     happig* (ungewöhnlich
    am Bau hatten alle Hände voll zu     stark)
    tun. – Der eine Besucher legte   das Happyend, die Happyends
    selbst mit Hand an, der andere   die Harke, die Harken, harken
    legte die Hände in den Schoß. –      harmlos

54
```

Nach dem Alphabet ordnen

Wenn die ersten zwei oder mehr Buchstaben gleich sind, wird die Reihenfolge nach dem darauffolgenden Buchstaben entschieden.

Ordne entsprechend:
Bäcker	Floß	enttäuschen
Fleiß	Blume	Flamme
entdecken	Bühne	Entwicklung

Schlage die Wörter im Wörterbuch nach.

Spalten durchgehen

Gehe die dick gedruckten Wörter am linken Rand der Spalten durch, bis du das gesuchte gefunden hast.

Auch die Telefonbücher sowie das Postleitzahlenbuch sind alphabetisch geordnet. Wörter mit ae, oe und ue findest du bei den Wörtern mit ä, ö und ü.

Postleitzahlen suchen

Das Inhaltsverzeichnis im Postleitzahlenbuch gibt dir einen Überblick.
Die meisten Orte findest du bereits im ersten Teil des Buches (Kennzeichen: Seiten mit gelben Randstreifen).

Suche die Postleitzahlen für folgende Orte und schreibe sie alphabetisch geordnet zusammen mit den Postleitzahlen in dein Heft:

Angelbachtal	Höllenmühle	Schönau im Schw.
Schköna	Zanken	Brigachtal
Hemsbach	Schopfheim	Kupferzell
Dornstetten	Petersdörfel	Carlow

Stuttgart/	Berlin/	Dresden/
Berliner Platz	Mecklenburgische Straße 53	Winterstraße

R   Roggen

der **Roggen**
  roh, die Rohheit, der Rohbau
das **Rohr**, die Rohre, die Röhre, das Wasserrohr
der **Rohstoff**, die Rohstoffe
die **Rolle**, die Rollen
  Der neue Abteilungsleiter gefällt sich in seiner Rolle. – Bei einem Ausflug spielt auch das Wetter eine Rolle.
  rollen, sie rollte
der **Roller**, die Roller, rollern
das **Rollo**, die Rollos
der **Rollschuh**, die Rollschuhe
der **Roman**, die Romane
  romantisch
  röntgen, er wurde geröntgt
  Der Mann, der die Strahlen entdeckte, mit denen man Menschen ‚durchleuchten' kann, hieß Röntgen.

Arbeitstechniken Üben mit Wortlisten

Auch Üben will gelernt sein. Wenn du deine Fehlerschwerpunkte kennst, findest du hier Hinweise, **wie** du üben kannst.

Mit Wortlisten üben

An einigen Stellen im Buch findest du auf der Randleiste Wortlisten. Sie enthalten wichtige Wörter zum Üben.

1 a) Übe erst die Wortliste 1 und später die Wortliste 2.
Entscheide dich für eine oder mehrere dieser Übungsformen:
- Abschreiben oder Partnerdiktat
- verwandte Wörter finden (drücken – ausdrücklich, …)
- mehrere Wörter in einem Satz verwenden
- zusammengesetzte Substantive bilden (der Gruppenraum, …)

Wortliste mit ai-Wörtern

b) Eigene Wortlisten anlegen: Oft gibt es nur wenige Wörter, die die gleiche Besonderheit haben.
Liste sie auf, z. B.:

der Mai, der Mais, der Hai, der Kaiser, die Saite, die Waise, der Laie, …

c) Setze die ai-Wörter mit den folgenden Substantiven zusammen:

| Spiel | Fisch | Glöckchen | Haus |
| Instrument | Krone | Kolben | |

Schreibe so: *Laie – das Laienspiel, …*

d) Schreibe die ai-Wörter zu diesen Erklärungen:

Raubfisch	A	I			
Getreide	A	I			
Teil der Gitarre	A	I			
Herrscher	A	I			
Kind ohne Eltern	A	I			
kein Fachmann	A	I			
Monat	A	I			

1
drücken
blühen
Gruppe
blitzen
drinnen
Grippe
Adresse
Tablette
begreifen
vergleichen
Schokolade
Knabe

2
tüchtig
Platte
knurren
krumm
trennen
Personen
betrachten
Oper
Birke
Zirkel
einpacken
Kilometer

**Arbeitstechniken
Wortbausteine** 85

Auf Wortbausteine achten

Wortfamilien

	rat	en		
be	rat	en		
er	rat	en		
ver	rat	en		
Be	rat	ung		
Be	rat	er		
Ver	rat			
Vor	rat			
vor	rät	ig		
	Rat			
	Rät	sel		
Ver	rät	er		
Ver	rat			
	rät	st		

	recht		
auf	recht		
ge	recht		
Ge	recht	ig	keit
be	recht	ig	t
	recht	s	
	Recht		
	richt	ig	
be	richt	en	
Be	richt	ig	ung
be	richt	ig	en
	richt	en	
Ge	richt		
	Richt	er	

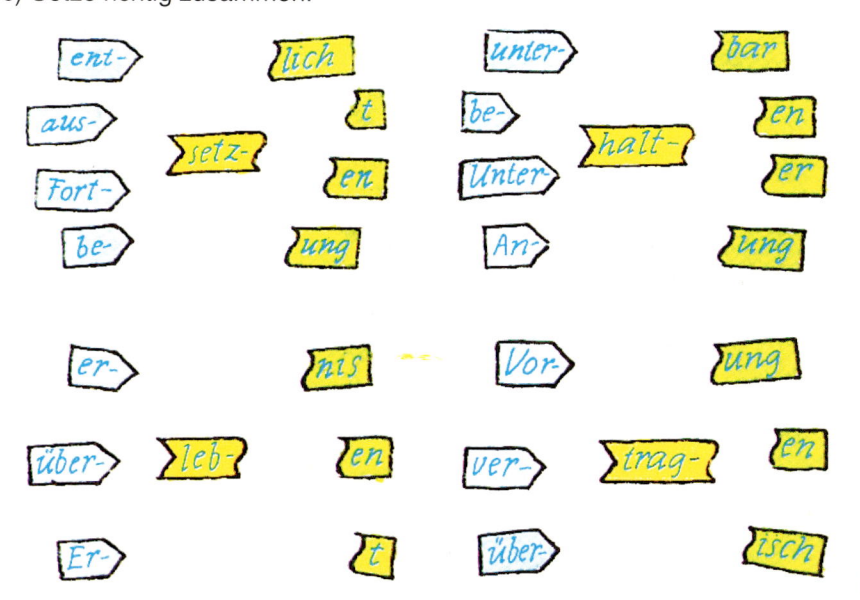

> Wörter mit gleichem Wortstamm bilden eine Wortfamilie. Sie sind verwandt.

> Der Wortstamm (= Grundbaustein) wird in allen verwandten Wörtern gleich oder ähnlich geschrieben.

2 a) Die meisten Wörter sind aus mehreren Bausteinen zusammengesetzt.
Die **Wortbausteine** lassen sich in verschiedene Arten einteilen.
Welche kannst du bei den Wortfamilien „raten" und „recht" erkennen?
Nenne Beispiele.
Was fällt dir bei den Wortstämmen auf?

b) Schreibe die Wörter der **Wortfamilie** „raten" und „recht" ab.
Kennst du ihre verschiedenen Bedeutungen?

c) Setze richtig zusammen:

ent- lich unter- bar
aus- t be- en
   setz-   halt-
Fort- en Unter- er
be- ung An- ung

er- nis Vor- ung
über- leb- en ver- trag- en
Er- t über- isch

Substantive an ihren Bausteinen erkennen

Alle Wörter mit den Nachsilben:
- -ung
- -heit
- -keit
- -nis
- -schaft

sind Substantive. Schreibe sie groß.

3 Überschriften und Schlagzeilen aus Zeitungen und Zeitschriften:

- HOFFNUNG IN DER GEMEINSCHAFT
- Alles in Ordnung?
- Ein öffentliches Ereignis
- Preis der Freiheit? Natur und Landschaft
- Mehr Möglichkeiten
- Veranstaltungen der Volkshochschule
- Grippemittel mindern Fahrtüchtigkeit
- Anlagen für Müllverbrennung
- Mehr Mut zum Wagnis
- Gesundheit kann man lernen
- Warnung in den Wind geschlagen
- Reise in die Vergangenheit.
- Trunkenheit auf dem Fahrrad
- Die Gesellschaft braucht das Kind

a) Ordne die Substantive in den Überschriften nach ihren Nachsilben.

b) Ergänze: *Freiheit – frei,*

(Schlüsselteil)

4 Durch Nachsilben entstehen neue Substantive:

-heit   -keit   -ung   -nis   -schaft

mehr	wachsam	enden	verfolgen	entdecken
sparsam	dankbar	finster	ersparen	hindern
aufmerksam	dunkel	erlauben	wagen	ereignen
gesund	menschlich	führen	bekannt	Mitglied
trocken	ehrlich	lösen	eigen	bereit
zufrieden	frei	versichern	Landwirt	Meister

(Schlüsselteil)

a) Bilde Substantive: *mehr – die Mehrheit, … – …*
   aber: *enden – die Endung, … – …*
   Ordne sie nach ihren Nachsilben.

b) Die Rede

„Zwar hat unsere Mannschaft mit dem letzten Spiel die Meisterschaft verloren, aber wir werden sicherlich eine Lösung für die Schwierigkeiten in der Landwirtschaft finden. Meine Dankbarkeit gilt der guten Nachbarschaft und Menschlichkeit, die ich trotz aller Trockenheit und Enttäuschungen mit meiner Versicherung immer wieder erlebt habe. Ich danke Ihnen für Ihre Gemeinheit, ähm, ich meine, Aufmerksamkeit."
Die Zuhörerschaft war verwirrt. Vielleicht hatte es der Bürgermeister mit seinen vielen Mitgliedschaften und Vereinigungen ein wenig übertrieben.

Schreibe alle Substantive mit -schaft, -ung, -keit und -heit heraus.

Arbeitstechniken Wortbausteine Adjektive

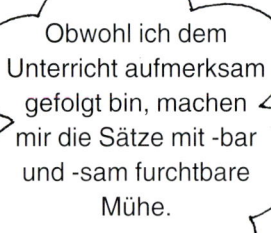

Adjektive an Nachsilben erkennen

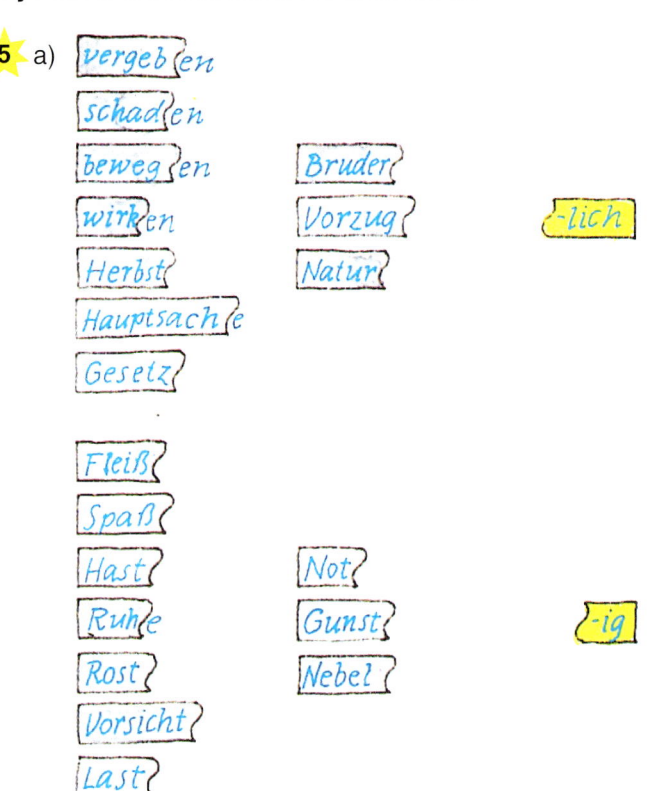

5 a) vergeben
schaden
bewegen   Bruder
wirken   Vorzug   **-lich**
Herbst   Natur
Hauptsache
Gesetz

Fleiß
Spaß
Hast   Not
Ruhe   Gunst   **-ig**
Rost   Nebel
Vorsicht
Last

(Schlüsselteil)

Bilde Adjektive.
Wenn du unsicher bist, wie die Nachsilbe geschrieben wird, verlängere sie: *vergeben – vergeblich – die vergebliche Mühe, ... Hast – hastig – der hastige Aufbruch*

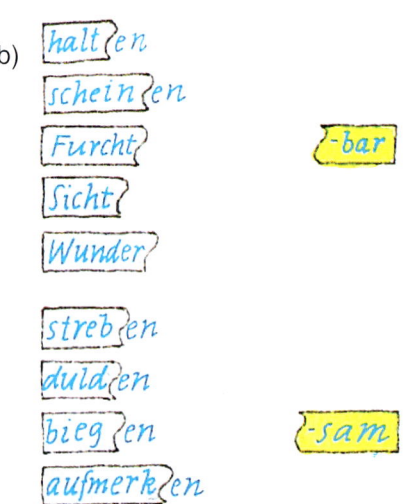

b) halten
scheinen
Furcht   **-bar**
Sicht
Wunder

streben
dulden
biegen   **-sam**
aufmerken

(Schlüsselteil)

Diese Adjektive werden seltener benutzt.
Versuche mit ihnen eine Geschichte zu schreiben.

Aufpassen! Adjektive werden kleingeschrieben!

Obwohl ich dem Unterricht aufmerksam gefolgt bin, machen mir die Sätze mit -bar und -sam furchtbare Mühe.

Vorsilben werden immer gleich geschrieben

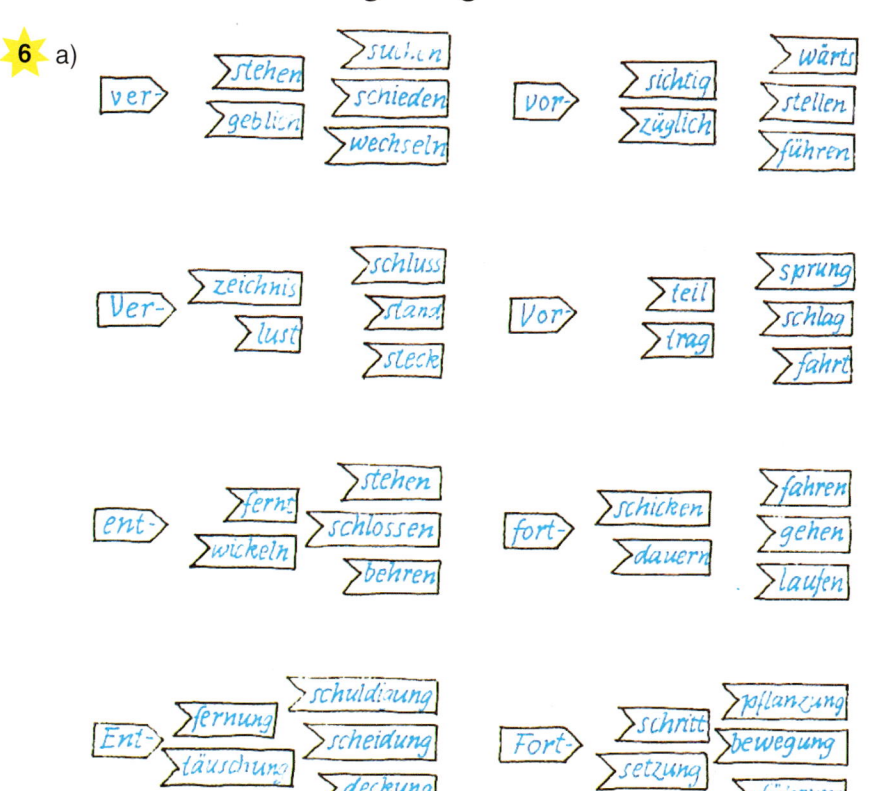

6 a)

ver- → stehen / geblich ; suchen / schieden / wechseln

vor- → sichtig / züglich ; wärts / stellen / führen

Ver- → zeichnis / lust ; schluss / stand / steck

Vor- → teil / trag ; sprung / schlag / fahrt

ent- → fern / wickeln ; stehen / schlossen / behren

fort- → schicken / dauern ; fahren / gehen / laufen

Ent- → fernung / täuschung ; schuldigung / scheidung / deckung

Fort- → schritt / setzung ; pflanzung / bewegung / führung

Vorsicht bei der Groß- und Kleinschreibung!

Setze zusammen: ver + stehen = verstehen, ...

b) Suche im Wörterbuch je fünf Wörter mit den Vorsilben

| um | auf | über | mit | unter |
| Um | Auf | Über | Mit | Unter |

umarmen, sie umarmte, die Umarmung
umbauen, der Umbau
umdrehen, die Umdrehung
umfallen
umfangen, der Umfang
Der Umfang eines Baumstammes ist das, was man umfangen (umfassen) kann.
umgeben, die Umgebung
umhängen, der Umhang
umher
umkehren, er kehrte um, die Umkehr, die Umkehrung, umgekehrt
umkippen
umkommen
der **Umlaut**, die Umlaute
umleiten, die Umleitung
der **Umriss**, die Umrisse
der **Umschlag**, die Umschläge
die **Umschulung**, umschulen
umsiedeln, er siedelte um, der Umsiedler
umso besser!
umsonst
der **Umstand**, die Umstände, umständlich
unter keinen Umständen!
machen Sie keine Umstände!
umsteigen

Wörter verlängern

7 b – d – g

Herd	Pferd
Gegend	Schmied
Zweig	Krieg
Maßstab	Korb

lag	entschied
empfand	betrog
belud	stieg
grub	schob

Leid	Verband
Neid	Erfolg
Pflug	Vorschlag
Betrieb	Staub

elend	wund
spannend	fremd
schräg	klug
trüb	taub

Übe so:
der Herd – die Herde
die Gegend – …

Suche die Grundform des Verbs:
er lag – liegen
sie empfand – …

Suche zum Substantiv das Verb:
das Leid – leiden
der Verband – …

Ergänze ein passendes Substantiv:
elend – das elende Gefühl
wund – …

(Schlüsselteil)

k – t

Bart	Monat
Gebiet	Landwirt
Bezirk	Gerät
Kork	Schrank

bat	bot an
geriet	galt
trat	erschrak
trank	sank

Streik	Tank
Getränk	Funk
Gestalt	Verrat
Gelenk	Kalk

bunt	zart
laut	preiswert
stark	welk
blank	schlank

Übe so:
der Bart – die Bärte
der Monat – …

Suche die Grundform des Verbs:
er bat – bitten
er bot an – …

Suche zum Substantiv das Verb:
der Streik – streiken
der Tank – …

Ergänze ein passendes Substantiv:
bunt – die bunte Seite
zart – …

(Schlüsselteil)

Verlängere das Wort und du weißt es sofort!

Das verwandte Wort suchen: ä – a, äu – au

Warum wird Wände eigentlich mit ä geschrieben?

Weil Wände von Wand kommt.

8 Im Plural (Mehrzahl) wird hier a zu ä:

Laden	Ast	Kasten
Mantel	Wand	Fach
Blatt	Kraft	Nagel
Bank	Draht	Bad

Schreibe so: *der Laden – die Läden, ... – ...*

Gebäude? *... kommt von Bau*

9 a) Suche zu den ä-Wörtern in Liste 1 verwandte a-Wörter:

ungefähr – fahren, ...

fahren	Qual	raten
lang/e	Gegenwart	gedacht
Name	Tatsache	Sprache
	flach	

b) Suche zu den äu-Wörtern in Liste 2 verwandte au-Wörter:

häufig – Haufen, ...

Haufen	laut	Staub
Raum	gebrauchen	außen
laufen	sauer	Tausch
	rauschen	

10 Im Singular (Einzahl) werden hier ä zu a und äu zu au:

die Zwänge *– der Zwang*	die Ämter	die Mängel
die Ställe	die Drähte	die Verbände
die Kämpfe	die Plätze	die Pläne
die Häute	die Gebräuche	die Sträuße
die Häupter	die Sträucher	die Kräuter

1
ungefähr
quälen
nämlich
tatsächlich
längst
gegenwärtig
Gedächtnis
Rätsel
Fläche
Gespräch

2
häufig
läuten
vorläufig
äußerlich
Säure
täuschen
gebräuchlich
einräumen
zerstäuben
Geräusch

11 Ergänze:

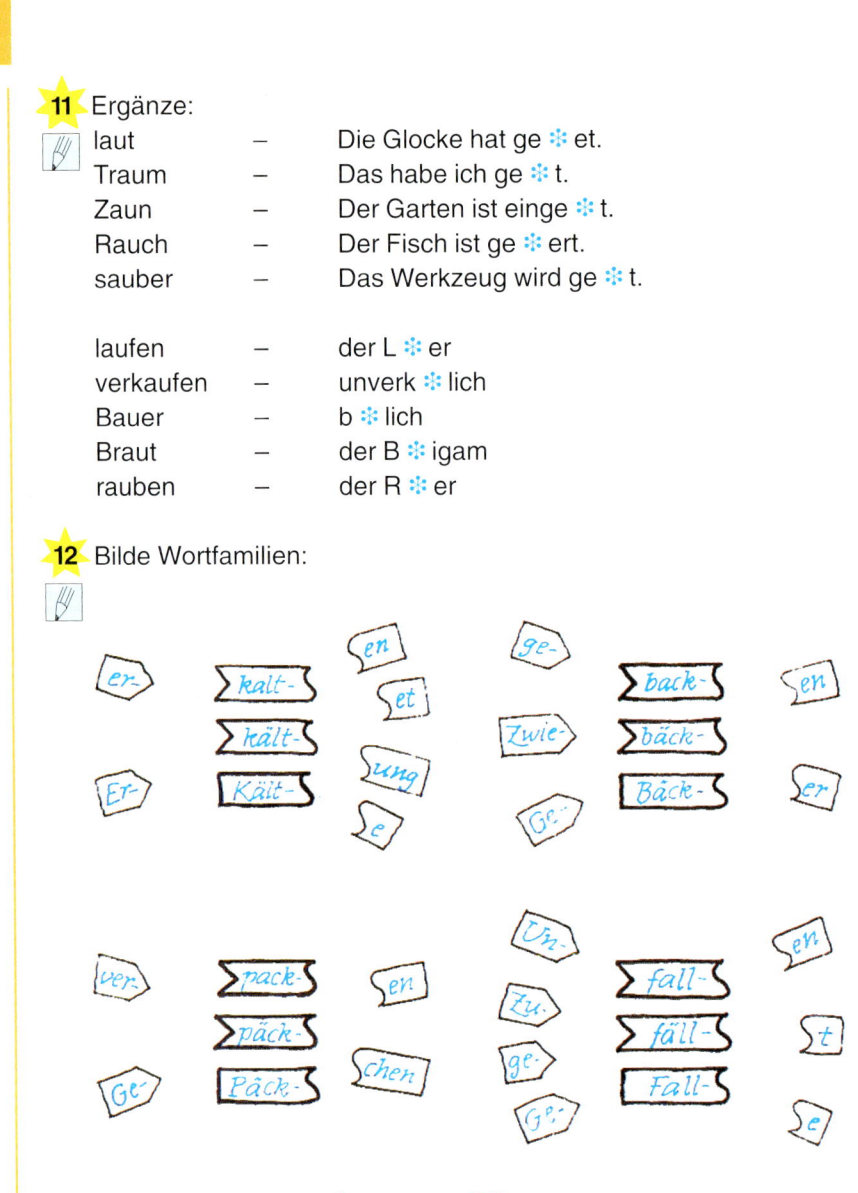

laut	–	Die Glocke hat ge ❋ et.
Traum	–	Das habe ich ge ❋ t.
Zaun	–	Der Garten ist einge ❋ t.
Rauch	–	Der Fisch ist ge ❋ ert.
sauber	–	Das Werkzeug wird ge ❋ t.
laufen	–	der L ❋ er
verkaufen	–	unverk ❋ lich
Bauer	–	b ❋ lich
Braut	–	der B ❋ igam
rauben	–	der R ❋ er

12 Bilde Wortfamilien:

er- | kalt- | en
    | kält- | et
Er- | Kält- | ung
                e

ge- | back- | en
Zwie- | bäck-
      | Bäck- | er

ver- | pack- | en
     | päck- |
Ge- | Päck- | chen

Un- | fall- | en
Zu- | fäll- | t
ge- | Fall- | e
Ge- |

📖 Zum Beispiel: *erkalten – Erkältung, ...*

Wer findet noch mehr verwandte Wörter?

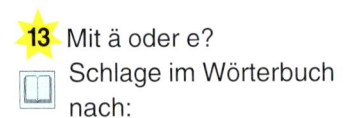

13 Mit ä oder e?
📖 Schlage im Wörterbuch nach:

M_rz   spr_ngen
schm_lzen   sp_t
H_cht   s_gen
K_se   P_ch

Rechtschreiben:
An Fehlerschwerpunkten üben

Großschreibung bei Substantivierung 93

Verben und Adjektive wie Substantive gebrauchen

1 Morgens bin ich nach dem Wecken erst noch ziemlich müde. Ich bleibe noch etwas liegen. Das Unangenehmste ist plötzlich aus dem warmen Bett ins Kalte zu müssen. Nach dem Aufstehen gehe ich zum Waschen und zum Zähneputzen ins Badezimmer. Das Schlimmste ist manchmal das Kämmen, wenn meine Haare wieder mal allzu struppig sind. Beim Anziehen ruft mein Vater, der inzwischen das Frühstück vorbereitet hat, ich solle zum Essen kommen. Manchmal habe ich keinen Appetit. Dann setze ich mich ins Wohnzimmer und habe noch etwas Zeit zum Lesen. Um zehn nach sieben holen mich meine Freundinnen ab. Wir gehen zur Bushaltestelle, im Winter noch im Dunkeln. Der Bus fährt 7.20 Uhr. Wir sind schon ziemlich früh auf dem Schulhof. Bis zum Schellen ist noch Zeit.

> Verben und Adjektive werden zu **Substantiven**,
> 1. wenn du einen Artikel davorsetzt, z. B. *das Kämmen*,
> 2. wenn du eine Präposition + Artikel davorsetzt, z. B. *nach dem Wecken*.
> Artikel und Präposition können auch zu **einem** Wort verschmelzen, z. B. *im, ins*.

im = in dem
ins = in das

a) Übertrage folgende Tabelle in dein Heft und ergänze sie mit weiteren Beispielen aus dem Text.

Artikel + Adjektiv oder Verb = Substantiv	Präposition + Artikel + Adjektiv oder Verb = Substantiv	Präposition und Artikel verschmolzen + Adjektiv oder Verb = Substantiv
das Kämmen	*nach dem Wecken*	*ins (in das) Kalte*

Auch die aus Verben und Adjektiven entstandenen Substantive werden **großgeschrieben**.

b) Schreibe weitere eigene Beispiele dazu.

Seltene Buchstaben und Buchstabenverbindungen

pf – qu – chs – x – v

2 Ein armer Hund

Egon machte es sich in seinem Taxi bequem. Es war zwar nicht Silvester, aber das Geschäft lief bereits Ende November sehr gut. Egon Huber wechselte die Fahrbahn, fuhr um die Kurve und rollte an einen Taxiposten heran. Er wohnte selbst in diesem Viertel und am Posten setzte er sich zu seiner Kollegin Rosi ins Taxi.
„Tag, Egon. Ich habe eben einen Boxer in die Praxis von Doktor Schulte gefahren."
„Doktor Schulte ist doch gar kein Tierarzt. Was hatte der Boxer denn? Mein Hund hat nämlich gerade Schnupfen."
„Er hatte ein Veilchen", sagte Rosi schmunzelnd.
„Wie? In der Schnauze?"
„Fast." Rosi lachte. „Mensch, ein blaues Auge! Das hat er sich gestern beim Boxkampf geholt!"
„Na, bravo! Mein Hund geht nie zum Boxen."

Schreibe den Text ab.
Unterstreiche die Wörter mit pf, qu, chs, x und v.

Fehlerschwerpunkte: pf, qu, chs, x

95

3 a) **Wörter mit pf**

- Suche verwandte Wörter: *pflücken – gepflückt,...*
  oder bilde zusammengesetzte Substantive: *Pfeffer – Pfeffermühle*
- Schreibe Reimwörter.

Knopf	stopfen	Strumpf
K ■	Tr ■	S ■
T ■	kl ■	st ■

b) **Wörter mit qu**

Ergänze:
die ❋ speise
die ❋ sarbeit
das ❋ wasser
die ❋ lichkeit
über ❋ en

c) **Wörter mit chs**

- Ergänze:
  der ❋ nbruch
  der ❋ nöffner
  die Ver ❋ ung
  der ❋ bau
  das ❋ tagerennen

- Wortfamilien

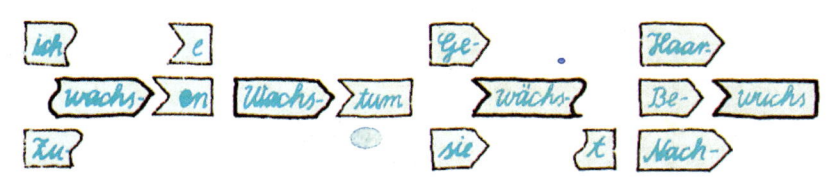

  ich – e – wachs – en – Wachs-tum – Ge- – wächs – Haar- – Be- – wuchs – Zu- – sie – t – Nach-

Baue so viele Wörter wie möglich zusammen.

d) **Wörter mit x**

Schreibe die richtigen Wörter zu ihren Bedeutungen:

Werkzeug

Mietauto

Sinnvolle Wortfolge

Faustkämpfer

Arbeitsraum eines Arztes

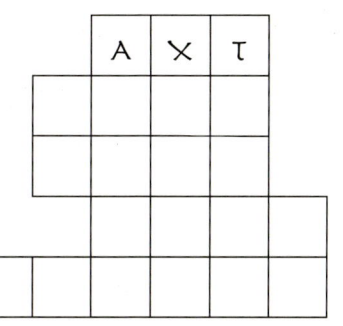

		A	X	T

pf
pflücken
Pfeffer
Pfund
Pfingsten
Pflaume
Pflicht
Pfirsich
Schnupfen
Karpfen
schimpfen

qu
Quelle
Quark
quer
bequem
Qualität

chs
sechs
Fuchs
Büchse
wechseln
Achse

x
Taxi
Boxer
Text
Axt
Praxis

96 Fehler-schwerpunkte: v

v
November
Kurve
bravo
Silvester
Vase
Vetter
viel
Volk
Viertel
Veilchen

e) **Wörter mit v**

- Ordne diese Bedeutungen zu:
  elfter Monat
  Gegenteil von wenig
  Frühlingsblume
  letzter Tag des Jahres
  Verwandter
  Biegung einer Straße
  Beifallsruf
  Gefäß für Blumen
  Teil eines Ganzen
  große Menschengruppe mit gleicher Sprache und Kultur

- Der Buchstabe „v" kann wie „f" oder wie „w" klingen.
  Ordne die Wörter nach dieser Sprechweise:

wie „w"	wie „f"
November	Vetter
...	...

- Wortfamilie „voll":

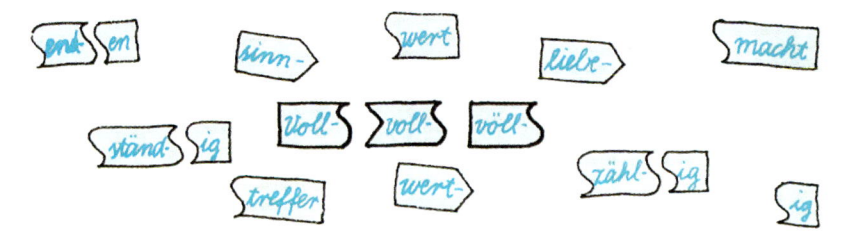

  end-en, sinn-, -wert, liebe-, macht
  ständ-ig, voll-, voll, völl-
  treffer, wert-, zähl-ig, -ig

f) Wörterschlangen

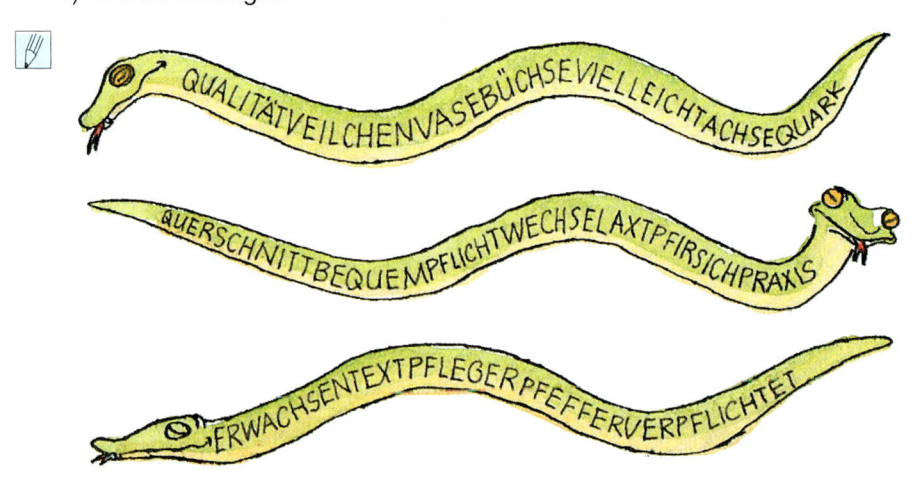

QUALITÄTVEILCHENVASEBÜCHSEVIELLEICHTACHSEQUARK

QUERSCHNITTBEQUEMPFLICHTWECHSELAXTPFIRSICHPRAXIS

ERWACHSENTEXTPFLEGERPFEFFERVERPFLICHTET

Löse die Wörterschlangen auf. Achte auf die Groß- und Kleinschreibung.

Wörter mit -ie-

4 a) Wortlisten 1, 2, 3 und 4
Lies die Wortlisten laut vor. Höre dabei auf das lange „i".
Das lang gesprochene „i" wird in diesen Fällen „ie" geschrieben.
Schreibe die Wörter ab.

b) Schreibe Reimwörter.

Ziel	Abschied	Gier	riechen	verlieren
St ■	Schm ■	Z ■	kr ■	fr ■

Brief	Riegel	Miene	wiegen	schieben
sch ■	Sp ■	B ■	l ■	s ■

Zwiebel	siegen	Miete	Liebe	Sieb
G ■	b ■	N ■	H ■	D ■

c) Wortliste 1
Aus Substantiven werden Verben: *das Ziel – zielen, er zielt*

d) Wortliste 2
Aus Substantiven werden Adjektive mit -ig oder -lich:
die Zier – zierlich, der zierliche Schuh
(Schlüsselteil)

e) Wortliste 3
Forme die Verben so um: *riechen – sie roch, sie hat gerochen*
(Schlüsselteil)

f) Ergänze aus Wortliste 4
der ✻ kuchen   der ✻ händler   die ✻ leistung
der Besen ✻   die Eisenbahn ✻   der Handwerks ✻

g) Wortfamilien

Baue die Wörter zusammen.
Wer findet noch mehr verwandte Wörter?

Fehlerschwerpunkte: ie

1
Ziel
Flieger
Schmied
Erzieher
Lieferung
Miete

2
Zier
Unterschied
Neugier
Schwierigkeit
Fieber
Frieden

3
riechen
kriechen
frieren
fliehen
verbieten
verlieren

4
Zwiebel
Stiel
Betrieb
Vieh
Dienst
Schiene

98 Fehlerschwerpunkte: Doppelte Konsonanten

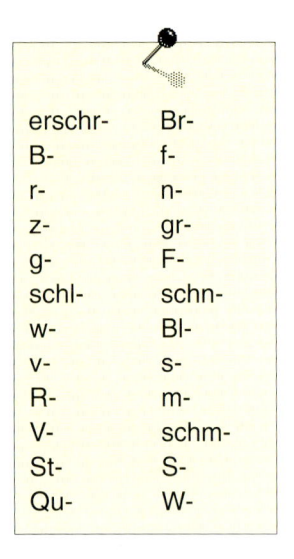

erschr-	Br-
B-	f-
r-	n-
z-	gr-
g-	F-
schl-	schn-
w-	Bl-
v-	s-
R-	m-
V-	schm-
St-	S-
Qu-	W-

1
Geschirr
schaffen
Zoll
flattern
Metall
überall
zittern
schütten
nennen
schütteln
satt
Mappe

2
Talsperre
Versammlung
Erinnerung
Irrtum
Hoffnung
Verbesserung
matt
Stimmung
Gestell
Gejammer
Geknurr
Gebrüll
Kamm

Doppelte Konsonanten

5 a) Suche Reimwörter mit gleichen Wortteilen.

(Lebkuchenherzen: ecken, ucken, etter, elle, att, ett, itz, ell)

Schreibe so: *erschrecken – Becken – recken*

(Schlüsselteil)

b) Wortlisten 1, 2 und 3
Lies die Wörter laut vor.
Ordne sie nach: ff – ll – mm – rr – tt – nn – ss – pp.

c) Wortliste 1
Welche Wörter passen hierzu?

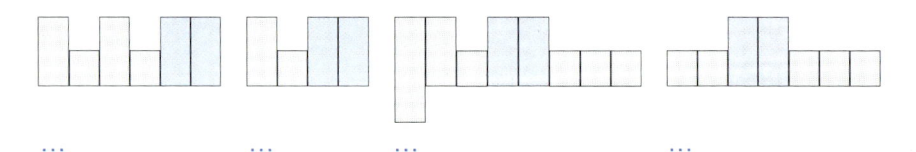

... ...

d) Wortliste 2
In den Substantiven stecken Verben: *Talsperre – sperren, ...*

Wortlisten 1 und 2
Der Doppelkonsonant steht meistens
zwischen zwei kurzen Vokalen   oder am Wortende

Scha**tt**en   gla**tt**

Schreibe die Wörter getrennt nach diesen beiden Formen auf.

e) Setze in den Plural (Mehrzahl):

der Stoff – *die Stoffe*   der Schwamm   der Stall
das Schiff   der Stamm   der Unfall
das Metall   der Gewinn   das Fell

Fehlerschwerpunkte: Doppelte Konsonanten

f) Wortliste 3

Schreibe die Substantive zu ihren Bedeutungen:

ein altes Stück Stoff — L A P P E N
ein pflanzliches Nahrungsmittel
Erkältungskrankheit mit hohem Fieber
das kleinste deutsche Geldstück
Geistlicher einer christlichen Kirche
ein Medikament

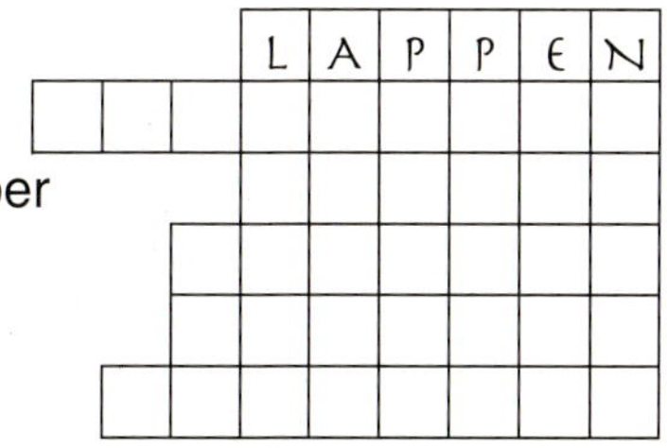

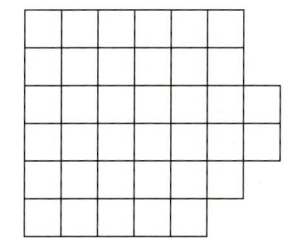

sie entsteht bei der Verbrennung
damit isst man z. B. Suppe
er ist in Restaurants beschäftigt
ein Fisch
Zahl zum Kennzeichnen
sie ist von Anfang und Ende gleich weit entfernt

3
Lappen
Mitte
Forelle
Pfennig
Pfarrer
Grippe
Tablette
Nummer
Löffel
Kellner
Kartoffel
Flamme

6 Eine Affenschande

„Und schafft mir bloß den Abwasch weg!
Das ganze Geschirr und auch das Besteck."
„Herr Wärter, das werden wir schon schaffen!",
brüllten ohne jedes Gejammer die drei Affen.
Was für ein Irrtum: Nach dem Essen waren sie matt,
von Kartoffeln und Kokosnüssen völlig satt
und sie schütteten mit Gebrüll
das ganze Geschirr auf den Müll.
Dann warfen sie Löffel, Messer und Gabeln hinterher.
„Herr Wärter! Abwasch ist doch gar nicht so schwer."

ck und tz gehören auch zu den Doppelkonsonanten, denn ck steht für kk und tz steht für zz.

4
geschmeckt
schluckte
schmückst
knickt
packe
erschreckt
blickte
gebacken

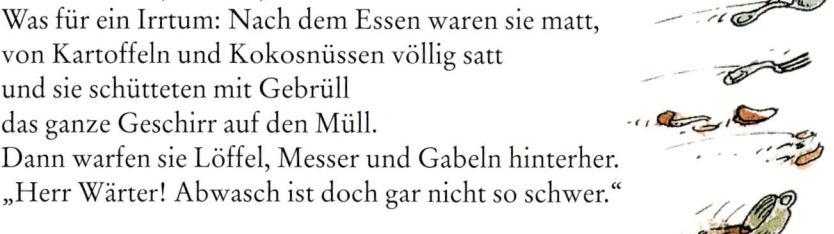

Schreibe aus dem Gedicht alle Wörter mit Doppelkonsonanten heraus.

7 Wortlisten 4 und 5
a) Lies die Wörter laut vor.
b) Setze sie in die Grundform: *geschmeckt – schmecken,*
c) Aus Verben werden Substantive: *schmecken – der Geschmack*

5
besitzt
geschützt
blitzte
putze
platzte
beschmutzt
spritzte
gespitzt

8 Ergänze:

bestimmen	– *bestimmt*	Mitte	–	der ∗lpunkt
Zoll	– ver∗en	irren	–	der ∗tum
alles	– ∗gemein	versammeln	–	die Ver∗ung
rollen	– der ∗er	erschrecken	–	∗lich
blicken	– augen∗lich	wecken	–	der ∗er
beschmutzen	– ∗ig	backen	–	das Ge∗

Wörter mit ss – ß

← S. 17

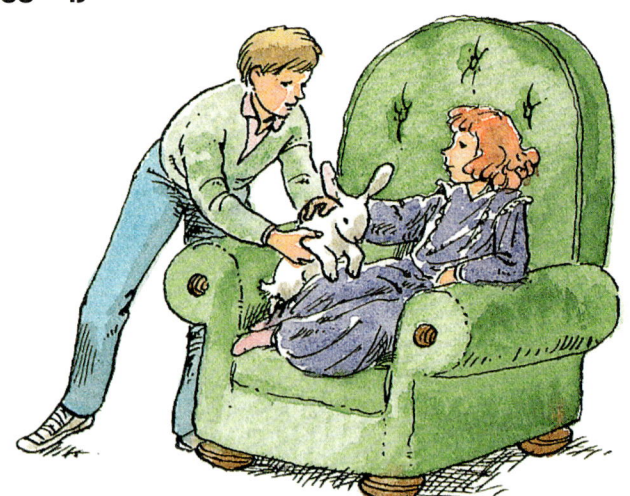

9 *Willi W. pa∗te auf.*
Sie sa∗ im Lehnse∗el.
Die kleine Hexe hie∗ Emma.
Sie sagte: „La∗ das Kaninchen los!"
Jan wollte ihr den Spa∗ nicht verderben.

Überprüfe, ob der Vokal vor dem Sternchen lang oder kurz ist.
Schreibe die Sätze ab und setze ss oder ß ein.

10 Wortliste 1
Lange Vokale oder Doppellaute vor ß
a) Bilde den Plural: – ß –   –   – ß –
                           der Kloß   –   die Klöße
b) Schreibe zusammengesetzte Substantive dazu: *Hefeklöße*

11 Wortliste 2
a) Aus ß wird ss.
                           – ß –   – ss –
die Knospen   *sprießen*   –   *Es sprossen die Knospen.*
in die Wade   ...   –   ...
das Papier   ...   –   ...
den Vogel   ...   –   ...

(Schlüsselteil)

b) Ergänze die Verbformen im Präteritum.
                – ss –   – ß   – ßt
              Ich messe…   *Sie maß…*   *Ihr maßt die Länge.*
                 ...   .
Ebenso mit: den Pass vergessen   die Klöße essen
              den Dieb entlassen   das Haus verlassen

(Schlüsselteil)

1
Kloß
Spaß
Gruß
Strauß
Stoß
Spieß

2
sprießen
beißen
zerreißen
abschießen

In einem Wortstamm können ß und ss wechseln.

Fehlerschwerpunkte: ss – ß, as, is, us

12 Wortliste 3
Kurze Vokale vor ss
a) Bilde den Plural:

– ss –   – ss –
das Fass – *die Fässer*   (Schlüsselteil)
...   – ...

b) Schreibe zusammengesetzte Substantive dazu: *Bierfässer*

13 Ordne nach fünf Wortfamilien:

wissen	gießen	fressen	gewusst	genoss
Genuss	weiß	genießen	schließen	Guss
gefräßig	gegossen	Schloss	geschlossen	Vielfraß

14 Schlage nach, ob diese Wörter mit s, ss oder ß geschrieben werden:
Prei ❋   flei ❋ ig   Sü ❋ igkeiten
lo ❋   ha ❋ tig   Ru ❋ land

3
Fass
Fluss
Pass
Schuss
Nuss

Wörter mit -as, -is und -us

15 Es gibt nur wenige Wörter mit kurzem Vokal vor s.
Einige davon sind so wichtig, dass du sie auswendig lernen solltest.

(Schlüsselteil)

Im Plural (Mehrzahl) werden sie mit ss geschrieben: *Bus – Busse.*
Verwende sie in Sätzen.

Statt Atlasse kannst du auch Atlanten sagen und statt Globusse Globen.

Fehlerschwerpunkte: h

Wörter mit –h–

Frühaufsteher mit Spätzündung

Heute früh kam Jan nur mit Mühe aus dem Bett: Eigentlich wollte er mit der Bahn zur Schule fahren, nahm aber das Fahrrad. Die kühle Luft tat ihm gut. Er fuhr durch den Stadtpark. Die anderen Menschen grinsten ihn fröhlich an. An einer Verkehrsampel lehnte er sich vor und erschrak: Er sah, dass er noch den Schlafanzug anhatte. Jan kehrte sofort um und fuhr schnell nach Hause um sich anzuziehen.

Hier hilft nur eins: Wortbilder einprägen!

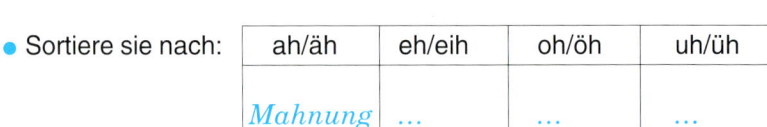

1
mahnen
gewöhnen
empfehlen
ausdehnen
erwähnen
berühren

16 a) Schreibe den Text ab. Unterstreiche dabei alle Wörter mit h.

b) Wortlisten 1, 2 und 3
- Lies die Wörter laut vor. Achte auf die lang klingenden Vokale vor dem h.
- Sortiere sie nach:

ah/äh	eh/eih	oh/öh	uh/üh
Mahnung	...	...	...

Wer findet noch mehr Wörter?

c) Wortlisten 1 und 2: Bilde verwandte Wörter.

Wortliste 1		Wortliste 2	
Verben	Substantive mit -ung	Adjektive	Substantive mit -heit/-keit
mahnen	*– die Mahnung* *– ...*	*wahr*	*– die Wahrheit* *– ...*

d) Bilde zusammengesetzte Substantive mit Wörtern aus der Wortliste 3:

die Teilnehmer ❋   die ❋ seilbahn
die Mittags ❋   die ❋ steuer
die Freilicht ❋   der ❋ sbaum

e) Setze Substantive zusammen:

stehlen   – der Dieb ❋   *stehlen + Dieb = der Diebstahl*
wählen   – die Gemeinde ❋
fahren   – ❋ rad
verkehren   – der Straßen ❋
fühlen   – das Ge ❋

lehren   – der ❋ ling
führen   – der ❋ schein
mahlen   – die ❋ zeit
ahnen   – ❋ ung
bohren   – die ❋ maschine

f) • Lies die Wörter aus der Wortliste 4 so vor, dass das h deutlich zu hören ist.

• Schreibe sie ab.

• Verwende sie in Sätzen:

Sonja verleiht ihre Kaugummis nicht gern.
...

Fehlerschwerpunkte: h   **103**

2
wahr
ähnlich
ehrlich
gewöhnlich
mehr
fröhlich

3
Bühne
Weihnachten
Gebühr
Mahlzeit
Draht
Lohn

4
leihen
verzeihen
erziehen
fliehen
geschehen
ruhen

Wann wird großgeschrieben?

17 **Begleiter**　　　　　　　　**Substantiv**

die, der, das,
eine, ein,
keine,
viele,
zur, zum,
in die,
ohne die,
unsere,
deine

Balloons: Stadt, Geburtstag, Hilfe, Schallplatten, Text, Getränke, Schaf

Welche Begleiter passen zu den Substantiven?
Schreibe zu jedem Substantiv Beispiele auf:

die Stadt besichtigen, in die Stadt fahren, ...

18 Eierstich

DIE BEIDEN FREUNDINNEN Margrit und Ingrid gehen BEI SCHÖNEM WETTER spazieren. „MEINE SCHWESTER DOROTHEA kann IN EINEM STÜCK zehn Eier hintereinander essen", sagt Margrit. „Das ist gar nichts. Mein Bruder Hubert isst ZWANZIG EIER IN ZEHN MINUTEN", behauptet Ingrid.
Margrit glaubt IHRER FREUNDIN nicht und DIE BEIDEN MÄDCHEN schließen EINE WETTE ab. Als Hubert DREI WOCHEN später VON SEINER FERIENREISE NACH HOLLAND wieder nach Osnabrück zurückgekehrt ist, kann die Wette stattfinden. Aber Hubert schafft NACH ZEHN MINUTEN nur VIER EIER. ZU SEINER ENTSCHULDIGUNG sagt er: „Ich verstehe das auch nicht, aber als ich eben VOR EINER VIERTELSTUNDE geübt habe, habe ich noch ZWANZIG EIER in ZEHN MINUTEN geschafft."

(Schlüsselteil)

a) Schreibe den Text in dein Heft.
Bei den Wörtern, die mit Großbuchstaben gedruckt sind, musst du entscheiden, ob sie groß- oder kleingeschrieben werden.
Überlege bei jedem Beispiel, warum du großschreibst.

b) Manchmal kommen die Substantive auch ohne Artikel vor.
Findest du auch dazu Beispiele im Text?

Groß- und Kleinschreibung von Zeitangaben

Fehlerschwerpunkte: Zeitangaben — 105

⭐ **19** Zeitangaben

(Bildwörter in der Illustration: gestern, morgen, heute, in der, gegen, am, Morgen, Vormittag, Mittag, Nachmittag, Nacht, Abend, -s, am Morgen, morgens, heute Morgen)

Großgeschrieben werden
– Zeitangaben mit Begleiter:
    gegen Abend
    am nächsten Morgen
    in der Nacht
– die Tageszeiten in kombinierten Zeitangaben, weil man auch hier einen Begleiter ergänzen könnte:
    heute (am) Morgen
    vorgestern (in der) Nacht

Kleingeschrieben werden Zeitangaben, bei denen ein **s** am Ende steht:
    morgens

a) Bilde Sätze, in denen Zeitangaben vorkommen, z. B.:

In der Nacht sind alle Katzen grau.
Ich habe nachts Angst.

b) „Ich gehe ⟨ am Montag / montags ⟩ ins Hallenbad."

Erkläre die unterschiedliche Bedeutung.

Sil – ben – tren – nung

20 a) Wenn du beim Schreiben an den Heftrand kommst und das angefangene Wort nicht mehr in die Zeile passt, gibt es drei Möglichkeiten.

> An einem sonnigen Tag wollten wir Kartoffelnbraten.
>
> An einem sonnigen Tag wollten wir
> Kartoffeln braten.
>
> An einem sonnigen Tag wollten wir Kartof-
> feln braten.

b) Welche wählst du meistens?
Warum?

Nur **mehrsilbige** Wörter lassen sich trennen.
Die Silben ergeben sich von selbst, wenn du das Wort langsam sprichst:

- Was – ser
- steu – ern
- fah – ren
- Hei – mat

Wörter können nach Sprechsilben getrennt werden.

c) Wie viele Silben haben die folgenden Wörter?

| malen | Eimer | Eule | Erlebnis |
| hörst | tun | Pflicht | Geschirrspüler |

d) Trenne nach Sprechsilben:

Achtung	dunkle	Knospen
fröhlich	musste	Schnupfen
Schonung	Teppich	enttäuscht
billig	schimpfen	pusten
Haustür	abholen	
Katze	schütten	
andere		
Städte		
nehmen		
Fenster		

reisen	boxen	oben
treten	traurig	Elend
Atem	hinauf	Ofen
Schale	Abend	herab
Treue	beißen	warum

Wenn du unsicher bist, vermeide die Trennung.

e) Ausnahmen:

lachen	Sachen	Bäcker
Maschen	waschen	Schnecke
backen	Glocke	Wecker

ch, sch und ck bleiben zusammen

Fehler-schwerpunkte: Komma bei Aufzählung — 108

← S. 57

Kommas bei Aufzählungen

21 a)

Auf den Blättern der Kletterrose:
...Licht
...Ameisen
...immergrün
...blühfreudig
eine Grube ausheben
...Wärme
...Fliegen
...Kompost dazugeben
...Wespen
...Erde nachfüllen
...unverwüstlich
...Schmetterlinge
...kalkhaltigen Boden
...stachellos
...Sonne
...Käfer
...die Pflanzen in die Grube setzen

Satzanfänge:
Die Kletterrose liebt...
Manche Kletterpflanzen sind...
Bei Anpflanzungen musst du...
Regelmäßige Gäste in der begrünten Hauswand sind...

Aufgezählt werden können:

- Lebewesen und Sachen (Substantive)

- Tätigkeiten (Verben)

- Eigenschaften (Adjektive)

Hier kann vieles aufgezählt werden. Aber was passt zusammen?
Ergänze. Setze Kommas.
Beachte: Der letzte Teil der Aufzählung wird mit **und** angehängt.
Davor steht kein Komma, z. B.:

Die Kletterrose liebt Licht, Sonne und Wärme.

Fehlerschwerpunkte: Komma bei Aufzählung

109

b) Die Betonblume/Schülertext:

> Doch plötzlich geschah etwas Unerwartetes. Durch die Mischung verschiedener Samen und Wurzeln entstand die erste Betonblume. Sie schlug zornig gegen die graue Decke durchbrach den Beton und drang ans Sonnenlicht. Sie hatte einen hübschen flaumigen Silberrand und viele rotgelbe Knospen. Schließlich brachen auf jeder Straße auf jedem Platz und zwischen den Häusergruppen Betonblumen hervor. Sie verbreiteten sich wuchsen schnell und wurden groß wie Bäume. Ihre Knospen wurden größer öffneten sich und begannen ganz eigenartig zu duften!

Ist es dir aufgefallen? Hier fehlen die Kommas bei den Aufzählungen.
Schreibe den Text in dein Heft.
Trenne die Teile der Aufzählungen durch Kommas und „und" ab.

> Die Teile einer Aufzählung werden durch Kommas getrennt. Vor **und** und **oder** darf bei Aufzählungen kein Komma stehen.

c)

> Den Arbeitern, die mit riesigen Schneidemaschinen die Pflanzen absägten, stieg der Duft in ihre Nasen.
>
> Sie lächelten...
>   Sie träumten vor sich hin...
>   Sie vergaßen ihre Arbeit.
>
> Seitdem gab es wieder überall auf der Welt Wiesen...
>   Es gab wieder Bäume...
>   Es gab wieder Sträucher.
>
> Und die Kinder bestaunten die eifrig umherlaufenden Ameisen...
>   Sie bestaunten die krabbelnden Käfer...
>   Sie bestaunten die flatternden Schmetterlinge.
>
> Sie feierten ein großes Fest...
>   Sie kletterten auf die Baumäste...
>   Sie tanzten herum...
>   Sie sprangen herum.

(Schlüsselteil)

← S. 60

Dieser Abschnitt lässt sich viel einfacher und kürzer formulieren, wenn du aufzählst:
     Sie lächelten, träumten ... und ...

Vergiss die Kommas nicht.

Die Zeichen bei der direkten Rede

22 Zwei Herren sitzen sich im Eisenbahnabteil zwischen Gießen und Frankfurt gegenüber. Der eine öffnet in regelmäßigen Abständen das Fenster des fahrenden Zuges und streut etwas heraus.
Nach einer Weile fragt ihn der andere: „Warum machen Sie das?"
„Ich streue Pfeffer um Löwen zu vertreiben", antwortet dieser.
„Aber hier gibt es doch gar keine Löwen", sagt lachend der andere.
„Eben", antwortet der eine, „weil es so gut wirkt."

Schreibe den Text in dein Heft. Unterstreiche Begleitsätze und direkte Rede mit verschiedenen Farben.

───── = Begleitsatz
········ = direkte Rede

23 Begleitsatz und direkte Rede können unterschiedlich angeordnet sein:
_____: „............................?"
„............................", _____.
„............", _____, „........................"

Der Begleitsatz kann vorangestellt, nachgestellt oder eingeschoben werden.
a) Welche Beispiele aus dem Text in Aufgabe 22 passen zu diesen Mustern?
b) Untersuche genau,
 • wann zwischen Begleitsatz und direkter Rede ein Doppelpunkt und wann ein Komma steht,
 • wo die Anführungszeichen hinkommen,
 • wie der eingeschobene Begleitsatz abgetrennt wird.
c) Schreibe zu jedem Muster zwei eigene Beispielsätze.

24 „Was habe ich denn getan?", fragt Jimmy.

„Komm her!", befiehlt der Kommissar.

„Ich dachte, es hätte diesmal geklappt", seufzt Jimmy.

a) Zeichne die Satzbilder zu diesen Sätzen.
Trage die Satz- und Redezeichen dabei andersfarbig ein.
b) Welche Regel für die Satzschlusszeichen in der vorangestellten direkten Rede kannst du finden?

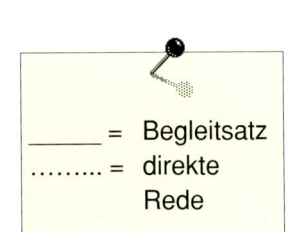

Übungstexte

1 Partnerdiktat

Die durstige Krähe

Eine durstige Krähe fand einen Wasserkrug. Doch es war nur so wenig Wasser darin, dass sie es mit ihrem Schnabel nicht erreichen konnte. Sie versuchte den Krug zu neigen und schräg zu stellen, aber vergeblich. Niemand war in der Gegend, der ihr einen Rat oder Hilfe anbieten konnte.
Da suchte sie nach einer List, unter welchen Umständen sie dennoch aus dem Krug trinken könnte. Zuletzt nahm sie kleine Steinchen und warf so viele in den Krug, dass das Wasser immer höher emporstieg, bis sie es endlich erreichen und ihren Durst löschen konnte.

2 Wortlisten 1 und 2:
In den Substantiven stecken verwandte Verben:
Scheinwerfer – *werfen*   Streuselkuchen – *streuen*

3 Rätsel

Krz Lchte   schlcht
dtlich bgen   Sprcher   stxen
  Schne Hcht Rcht
dtsch Frnd Plz Grnze
  fcht   Schmrz

(Schlüsselteil)

z. B.: *Krz – Kreuz*   *schlcht – schlecht*
...   ...

1
Scheinwerfer
Abschleppseil
Geschenk
Anstrengung
Sprengung
Werk
Schmerz
Verwechslung
Senkrechte
Erkenntnis

2
Streuselkuchen
Verbeugung
Kreuzung
Geheul
Zeuge
Scheusal
Beleuchtung
Steuer
Bedeutung
Freude

Übungstexte

← S. 67

ei wird in der Vergangenheitsform zu ie.

sich entscheiden →
schweigen/bleiben →
heißen →

treiben →

beweisen →

schreien →
leihen →

4 Schreibe den folgenden Text ab.
Ergänze die Zeichen der direkten Rede.

(…) Oma sah den Riss in Kalles Hose und fragte Wer hat das getan? Wer hat dem Kalle seine beste Hose kaputtgemacht? Ein paar Kinder waren schon weggerannt. Die übrigen sagten nichts. Kalle auch nicht. Soll ich euch einzeln an den Ohren nehmen?, sagte Oma. Eines der Kinder sagte Das dürfen Sie nicht. Da werden Sie bestraft. Oma sagte Früher durfte man das und ich darf, was ich will. Das ist nicht richtig, sagte Kalle. Oma wurde zornig. Feige seid ihr, sagte sie. Sie sind nicht feige. Die Hose ist einfach so zerrissen, beim Spielen, sagte Kalle. Jetzt schwindelst du auch noch. Erst feige sein und dann lügen. Pfui Deibel!, sagte Oma. (…)

(Schlüsselteil)

5 Ergänze die fehlenden Verben in der passenden Vergangenheitsform.

Frischer Hering aus der Dose

„Haben Sie ❋ ?", fragte der Kellner den Gast.
Der Gast ❋ , doch der Kellner ❋ am Tisch.
„Wie ❋ doch gleich das Stammgericht?", fragte schließlich der Gast.
„Frischer Hering mit Salzkartoffeln." „Dann bringen Sie mir einen Hering, aber einen großen! Mich regen Kleinigkeiten nämlich auf. Also los!", ❋ der Gast den Kellner an.
Als der Kellner den Fisch gebracht hatte, rief der Gast: „Der Fisch stinkt ja entsetzlich!" „Ich frage gleich einmal den Koch", sagte der Kellner. Als er zurückkam, sagte er: „Der Koch hat mir ❋, dass der Fisch frisch von der Nordsee zu uns gekommen ist." „Dann muss der Fisch aber zu Fuß gekommen sein!", ❋ der Gast. „Nein, er hat sich für die Reise eine Konserve ❋."

(Schlüsselteil)

Z. B.: *bleiben – blieb, …* (Präteritum)
bleiben – ist geblieben (Perfekt)

6 der Geruch – *riechen*   das Verbot – …   die Waage – …
der Flug – …   der Bogen – …   die Lage – …
geschoben – …   verloren – …   geflohen – …
gefroren – …   gekrochen – …   bezogen – …

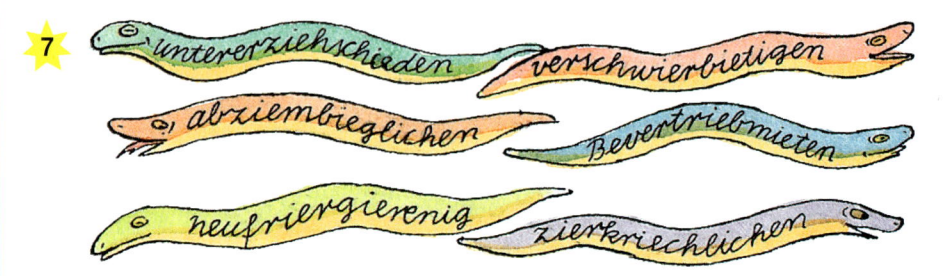

7

untererziehschieden   verschwierbietigen
abziembieglichen   Bevertriebmieten
neufriergierenig   zierkriechlichen

Vertausche Wortbausteine. Jede Schlange hat zwei Wörter „gefressen".

Übungstexte 113

8 Rätsel

a)

		A	M	M	
	A	M	M		
	E	C	K		
		I	L	L	
		I	L	L	

Feuerzunge
kleiner Raum, Stube
schmutzig
Doppelglas für die Augen
Tablette

b) Gefäß mit Henkel (Krug)
flaches Kochgerät zum Braten
Fußbodenbelag
kurze Strümpfe
lose, wackelig

	A	N	N	
		A	N	N
	E	P	P	
	O	C	K	
	O	C	K	

9 Partnerdiktat

Wohnung mit fließend Wasser

Es war herrliches Wetter. Jutta und Otto wollten angeln. Sie setzten sich am Fluss in den Schatten eines Baumes. Jutta hatte als Erstes eine verrostete Schüssel am Haken. Otto guckte Jutta verdutzt an, dann lachte er. Aber kurz darauf erging es ihm selbst auch nicht besser, denn er hatte nur eine Pfanne an der Angel. Nacheinander holten sie etliche vergammelte Socken, drei Hosen, eine Tasse, zwei Röcke, eine Mütze, eine Jacke und eine Kaffeekanne heraus.
„Ich habe jetzt die Nase voll! Das wird mir allmählich zu verrückt", sagte Jutta entsetzt.
„Ich glaube, wir verdrücken uns jetzt lieber", sagte Otto. „Da unten wohnen offensichtlich Leute."

Schreibe aus dem Text alle Wörter mit doppelten Konsonanten
– auch ck und tz – heraus.

10 Adjektive zusammenbauen

Gras	Bild	Preis	grün	hübsch	günstig
Eis	Hauch	Samt	kalt	dünn	weich
Kinder	Stunden	Kristall	freundlich	lang	klar
Riesen	Natur	Zucker	groß	rein	süß

Schreibe so: *Gras + grün = grasgrün*

Beachte beim Aufschreiben: Nur Substantive werden hier großgeschrieben.

← S. 16
→ S. 126

11 Es bleibt in der Familie

geschehen →
erzählen →
leihen →
sich umziehen →
ermahnen →
erwähnen →
fliehen →
empfehlen →
erzählen/ →
geschehen →
stehlen →

Aufgeregt rannte Jutta zur Polizei. „Ich weiß nicht, wie alles ❋", ❋ sie dem Polizisten. „Ich hatte mir das Fahrrad von meiner Freundin Anja ❋.

Ich ging nur kurz nach oben und ❋ mich um. Zwar hatte mich meine Mutter ❋ das Rad nicht in den Hof zu stellen, aber ich hatte es ja abgeschlossen." Jutta ❋ auch noch, dass sie zwar gesehen hatte, wie der Dieb ❋ war, dass sie ihn aber nicht erkennen konnte.

Der Polizist ❋ Jutta bei ihrer Freundin anzurufen.

Jutta ❋ Anja, was ❋ war. Anja sagte lachend: „Mein kleiner Bruder hat das Fahrrad gesehen, aufgeschlossen und mitgenommen. Er dachte, jemand hätte es ❋."

(Schlüsselteil)

Schreibe den Text ab. Setze dabei die Verben ein.
Aber Vorsicht! Sie verändern ihre Form: *geschehen – geschah, ...*

12 Wörterkette
Der letzte Buchstabe eines Wortes ist immer auch der erste Buchstabe des nächsten Wortes.

WEIHNACHTEN
NÄHE
EHER
RUHE
RUHM
MUT
TUN
LEHRVERTRAG
GEBÜHR
GEFÄHRLICH

13 Wortarten erkennen

Wörter im Topf: WOLKE, VASE, BALKEN, HÜPFEN, PACKEN, TABLETTE, FRUCHTBAR, GESELLSCHAFT, ZEITUNG, NOCH, LIEB, GLEICH, DANN, BLÜTE, UNTER, NEBLIG, BEQUEMLICHKEIT, IMMER, LEISE, SOGAR, KAMERADSCHAFT, HERRLICH, KAM, GEHEIMNIS

Ordne die Wörter:

Substantive ohne Nachsilbe	Substantive mit Nachsilbe	Verben	Adjektive
Vase	*Zeitung*	*kam*	*fruchtbar*
...	...	...	...
...			

Welche fünf Wörter bleiben übrig?

14 Partnerdiktat

Statt Blumen

„Vergiss nicht, Tante Frieda einen Strauß Mohnblumen zu kaufen. Und bestell ihr einen schönen Gruß", sagte Frau Becker und küsste ihren Sohn Boris zum Abschied auf die Stirn.
Draußen goss es in Strömen und wegen der Nässe wollte Boris mit dem Bus fahren. Neben der Bushaltestelle war ein Blumenladen, aber der war geschlossen. Es machte ihm keinen Spaß, Tante Frieda besuchen zu müssen, weil es bei ihr nie Kuchen gab. In der Straße von Tante Frieda ging er in eine Bäckerei und kaufte vier Stück Kuchen, dann besuchte er seine Tante.
„Schönen Gruß von Mutti soll ich dir bestellen", sagte er.
„Ich musste leider statt Mohnblumen Mohnkuchen kaufen, weil alle Blumenläden geschlossen hatten."

116 Redewendungen Wortbedeutungen

← S. 7

Sprachbetrachtung und Grammatik

Eulenspiegel kann's nicht lassen

Eulenspiegel beim Schmied

1 a) Warum wird der Schmied so wütend?
Er meint nämlich, dass …
Und Eulenspiegel verstand, dass …

b) Schreibe eine Eulenspiegelgeschichte auf, in der ein Handwerksmeister eine der folgenden Redensarten benutzt hat:
- er soll das Handtuch werfen
- er soll die Kurve kratzen
- er soll ihn im Mondschein besuchen
- er wird mit ihm gleich Schlitten fahren
- er soll mit den Hühnern aufstehen
- er soll dahin gehen, wo der Pfeffer wächst

c) Sucht gemeinsam noch mehr solche Redensarten, in denen man etwas anderes meint als das, was man sagt. Sammelt sie im Heft unter der Überschrift:
Ist das wirklich so gemeint?

Eines Tages kam Eulenspiegel nach …
Dort arbeitete er …

2 Sportreporter Rudi Müller berichtet vom Fußballspiel TuS Bedorf gegen Austadt 04:

„… Nein, es ist nicht zu fassen: Meier nagelt den Ball an den Pfosten! Doch der Austädter Ulrich holt sich das Leder und setzt dem Bedorfer eine Bombe auf die Querlatte. Die Austädter wissen sich nun keinen Rat mehr: Sie mauern vor ihrem Tor um den Schlusspfiff zu erwarten. Doch da kommt Marx aus dem Rückraum, Jonas serviert ihm den Ball auf dem Tablett und Marx erzielt mit einem Kanonenschuss den Ausgleich."

Zeichnet das Fußballspiel so auf ein großes Blatt, wie Rudi Müller es wörtlich sagt.

3 Gleiches Wort – unterschiedliche Bedeutung

a) Schreibe Wörter auf, die zwei **verschiedene** Bedeutungen haben, z. B.

Ball < Spielgerät / Tanzveranstaltung

Schloss < Gebäude / zum Aufschließen

b) Teekesselspiel

Spielregel: Immer zwei denken sich zusammen ein Wort aus, das zwei verschiedene Bedeutungen haben kann. Diesen Begriff, z. B. „Ball", beschreiben sie dann der Klasse ohne ihn zu nennen. Zum Beispiel so:
Susi: „Mein **Teekessel** ist rund."
Anna: „Mein **Teekessel** findet meist am Wochenende statt."
Susi: „Mein **Teekessel** kann springen."
Anna: „Mein **Teekessel** …"

Wer zuerst den Begriff errät, darf mit einem neuen Wort weitermachen.

Ich bin rund …

4 a) Schreibe Wortpaare mit **gegensätzlicher** Bedeutung auf, z. B.:

schwarz – weiß
heiß – kalt
starten – landen
Feuer – Wasser
… – …

b) Bilde Sätze, in denen immer ein solches Wortpaar vorkommt.

5 Unterschiedliche Wörter – **ähnliche** Bedeutung

a) Was unterscheidet eine *Straße* und eine *Gasse*?
Was unterscheidet einen *Fluss* und einen *Strom*?

b) Welches ähnliche Wort passt zu

Haus – …   *Busch* – …
Boden – …   *laufen* – …
bunt – …   *sehen* – …

Diese Hexe!

Stell dir vor, du könntest Mäuschen sein in dem Haus,
in dem Jan wohnt!
Da kriegst du alles mit, was sich dort gerade tut …

← S. 17/18

Du hörst Herrn Weseloh sagen:

„Na Jan, dann wollen wir mal die Deckenlampe reparieren. Gib mir mal den Schraubenschlüssel Nummer fünf."
„Ein Kurzschluss! Aha! …"
„Dein Rad, Jan. … … einen Lappen."
„Komisches Geräusch. … was es ist."

Und dann hörst du eine andere Stimme.

„Ich bin eine böse Hexe und du bist der blöde Jan und gleich verhex' ich dich."
„Ich glaub', ich verhex' dich in … . Haha! Ich … …!"

Jetzt spricht wieder Herr Weseloh:

„Höi, was … Lärm! Na neuerdings … rum."
„Aha, dann … waschen. Dahinten … ."

1 a) Lies die Geschichte von der kleinen Hexe auf den Seiten 17 und 18 noch einmal ganz genau.
b) Schreibe die vollständigen Sätze in dein Heft.
c) Unterstreiche in jedem Satz das Verb. In welcher Zeit steht es?

> Die Zeitform **PRÄSENS** (Gegenwart) wird gebraucht,
> wenn ein Geschehen sich **jetzt gerade** ereignet
> (Emma **macht** Lärm im Treppenhaus.)
> oder
> wenn etwas **immer wieder** geschieht
> (Emma **zaubert** jeden Tag.)
> oder
> wenn etwas **immer gültig** ist
> (Es **gefällt** allen Kindern, wenn sie einem Zauberer zuschauen können.).

d) Was tut sich gerade bei euch im Klassenzimmer?

Zeitformen des Verbs 119

Wenn etwas **schriftlich** erzählt wird, schreibt man in der Zeitform **PRÄTERITUM** (Vergangenheit).
Du findest diese Zeitform in Erzählungen aller Art, in Büchern, Zeitungen usw.
(Gleich nach der Schule **ging** Jan zu Willi Weseloh hin.
Jan **gab** ihm den Schraubenschlüssel.)

2 a) In der Erzählung von der Hexe findest du viele Beispiele für Sätze, die in der Zeitform Präteritum geschrieben sind.
Schreibe mehrere Beispiele aus dem Text heraus. ← S. 17/18

b) Lege eine Tabelle an:

Verbform im Text	Infinitiv des Verbs
Jan *gab* …	*geben*
Willi *schraubte … auf*	*aufschrauben*
Er *sagte* …	…
…	*putzen*

c) Was war denn gestern bei euch los?
Schreibe es mit kurzen Sätzen auf.
Schwierige Verbformen findest du im Wörterbuch!

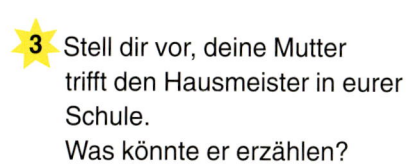

Das muss ich Ihnen erzählen!
…

3 Stell dir vor, deine Mutter trifft den Hausmeister in eurer Schule.
Was könnte er erzählen? ← S. 19–21

a) Ihr könnt die Szene auch vorspielen!

b) Schreibt einige Sätze wörtlich auf.
„Ich **bin** ins Haus **gekommen** und …"

c) In welcher Zeitform **erzählt** man meistens?
Unterstreiche die Verben.

Zeitformen des Verbs

← S. 17/18

> Man gebraucht die Zeitform **PERFEKT** (vollendete Gegenwart), wenn etwas **mündlich** erzählt wird, was **abgeschlossen** ist, dann ersetzt es die Vergangenheit. („Ich **habe** den Jan ins Treppenhaus **geschickt**.")
>
> Wenn das Perfekt in Verbindung mit dem Präsens vorkommt, drückt es aus, was zuerst gewesen ist. („Wir **haben** das Rad **geputzt** und **gewienert**, jetzt *glänzt* es.")
>
> Das Perfekt ist zweiteilig:
> 1. Teil: Personalform von *haben* oder *sein* im Präsens:
>   wir **haben** er **ist**
> 2. Teil: Veränderte Verbform: wir *haben* **geputzt**
>   er   *ist*   **gegangen**

d) Setze die Satzbruchstücke zusammen.
Schreibe die Sätze so ab, wie sie zusammenpassen.
Überlege, was **zuerst** gewesen ist und was **jetzt** ist.

Du kannst die beiden Zeiten im Heft mit verschiedenen Farben unterstreichen.

*Jan **ist** ins Treppenhaus **gegangen**, …*

*… jetzt **hört** er das Geräusch ganz deutlich.*

… nun frisst es sein Heu.

Ich habe den Herrn Höppner verzaubert, …

… jetzt spielt sie den Flohwalzer.

Emma hat das Kaninchen auf den Tisch gesetzt, …

Die kleine Hexe hat das Kaninchen in den Stall gebracht, …

… sagt sie stolz.

Sie hat sich auf das Klavier gestürzt, …

… jetzt schnuppert es ängstlich an einem Marmeladenglas.

Zeitformen des Verbs 121

4 a) Schaue dir diese Satzbruchstücke genau an.
Überlege: Was war zuerst?
Was kam danach?

b) Schreibe die Sätze auf, die du gefunden hast.

⬅ S. 17/18

c) Unterstreiche die Verben.

Z. B.: *Willi Weseloh **hatte** ein Geräusch **gehört**, deshalb **schickte** er Jan ins Treppenhaus.*

… weil er frech war.

Er hatte noch nie mit ihr gespielt …

Das Kaninchen war ganz durcheinander …

Nachdem sie den Flohwalzer gespielt hatte …

… denn sie hatte es in den Schwanz gekniffen.

… brachte sie das Kaninchen wieder hinaus.

… weil sie viel kleiner war als er.

Sie hatte ihn verzaubert …

Wenn etwas schon *vor dem* geschehen ist, was im *Präteritum* erzählt wird, so gebraucht man dafür die Zeitform
PLUSQUAMPERFEKT (vollendete Vergangenheit).

(Emma **war** auf der Treppe **herumgehüpft**, deshalb *ging* Jan nachschauen.)
(Sie **hatte** das Kaninchen in ihre Rocktasche **gestopft** und *setzte* es nun auf den Tisch.)

Das Plusquamperfekt ist auch zweiteilig:
1. Teil: Personalform von *haben* oder *sein* im *Präteritum*:
  sie **hatte**   sie **war**
2. Teil: Veränderte Verbform: sie *hatte* **gestopft**
  sie *war* **herumgehüpft**

5 Die kleine Hexe hat sich allerhand vorgenommen:

*Ich werde Jan in einen Pfannkuchen
mit Zucker und Zimt verzaubern.*

Ich werde ihm erzählen, dass …

Ich werde …

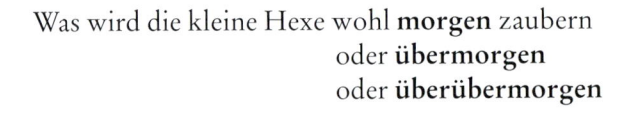

Was wird die kleine Hexe wohl **morgen** zaubern
oder **übermorgen**
oder **überübermorgen**

a) Schreibe deine Ideen auf.
Beginne deine Sätze so:

*Die kleine Hexe wird …
Emma wird …
Sie …
Die Hausbewohner werden …
Die Leute …*

> Was erst später, vielleicht in einigen Tagen geschehen wird, schreibt man in der Zeitform **FUTUR** (Zukunft).
>
> („Du **wirst** das Kaninchen in seinen Stall **zurückbringen**!")
>
> Auch das Futur ist zweiteilig:
> 1. Teil: Personalform von *werden* im Präsens: du **wirst** …
> 2. Teil: Verb im Infinitiv: du **wirst zurückbringen**

„Morgen gehe ich in die Schule."
Das ist doch auch Zukunft, oder?

b) Was wirst du heute Abend tun
oder am Samstag
oder in den nächsten Ferien
oder …

c) Was wirst du tun, wenn es am nächsten Sonntag den ganzen Tag wie aus Kübeln schüttet?

d) Gibt es noch andere Möglichkeiten, Zukünftiges auszudrücken?

Etwas ist vor dem passiert, was im Präteritum erzählt wird:	Etwas ist schon lange her:	Etwas ist gerade vorbei:	Etwas geschieht jetzt:	Etwas wird noch sein:
↓	↓	↓	↓	↓
Plusquam-perfekt	**Präteritum**	**Perfekt**	**Präsens**	**Futur**
↓	↓	↓	↓	↓
Emma **hatte** das Kaninchen in ihre Rocktasche **gestopft**.	Jan **ging** nach der Schule zu Willi.	Ich **habe** Jan ins Treppenhaus **geschickt**.	Emma **macht** Lärm.	Sie **wird** das Kaninchen in den Stall **zurück-bringen**.

6 Schreibe dir zu jeder Zeitform einen neuen Beispielsatz ins Heft.

7 In welcher Zeitform stehen die Verben in den folgenden Sätzen?

A Nachdem Emma Jans Vater in ein Kaninchen verzaubert hatte, hüpfte sie zufrieden über den Hof und sang:

B „Ich habe ihn verzaubert! Simsalabim, da hoppelt er hin."

C „Frechheit", mümmelte das Kaninchen, kratzte sich hinter dem Ohr und dachte: „Du wirst dich noch wundern. Dir werde ich's zeigen."

Wo ist was?

Präpositionen:

an, auf, aus, außerhalb, bei, bis, diesseits, jenseits, durch, gegenüber, hinter, in, innerhalb, längs, nach, nahe, neben, oberhalb, seitlich, über, unter, unterhalb, unweit, vor, zwischen …

← S. 29

1 a) Beschreibe möglichst genau, was du auf diesem Foto erkennst.

b) Vergleicht eure Lösungen; tragt Ergänzungen ein.

c) Versetze dich in die Rolle einer Person, die dieses Foto nicht sehen kann. Welche Wörter in deiner Beschreibung würden ihr helfen die entsprechenden Gegenstände an die richtige Stelle zu setzen? Unterstreiche diese Wörter.

> **Präpositionen** (Verhältniswörter) zeigen, wie Personen, Tiere und Dinge zueinander im Verhältnis stehen.
> *Das Buch liegt **auf** dem Tisch.*

2 Suche weitere Beispiele:
Der Bagger steht … dem Haus.
Das Auto parkt …
… des Fensters nisten Schwalben …

3 Das „verrückte" Klassenzimmer

Auf dem Schrank thront die Klassenlehrerin. Die Hausaufgaben schreibt sie **neben** die Tafel. Alle Schülerinnen und Schüler sitzen **auf** den Tischen, schauen aufmerksam **durch** die Wand und notieren die Hausaufgaben **hinter** die Hefte. Nach dem Klingeln gehen sie **gegen** die Tür **durch** den Pausenhof, der **oberhalb** ihres Klassenzimmers liegt …

a) Erfinde ein lustiges Ende für diese Geschichte.
b) Ersetze die „verrückten" Präpositionen durch treffende Präpositionen.

4 Bilderdiktat

a) Dein Nachbar/Deine Nachbarin zeichnet ein Bild. Du sollst nach seinen oder ihren Anweisungen das **gleiche** Bild zeichnen.
Verwende einfache Zeichen, z. B. ⊓ für den Tisch, ⊢ für den Stuhl usw.

Vera diktiert z. B.:

„Mein Zimmer

In der Mitte meines Zimmers steht vor dem Fenster mein Schreibtisch. Auf dem Tisch … Links neben dem Tisch … Vor … Unter … An der linken Wand … Von der Decke …"

b) Stimmen beide Bilder überein?

c) Zeichne selbst ein Bild und diktiere es deinem Nachbarn oder deiner Nachbarin.
Achte auf die **Präpositionen**.

Adjektive

← S. 14

Ist die Insel bunt oder groß oder laut oder…?

1 Karin schreibt:

„Guten Tag", begrüßte das Monster Martin. „Ich heiße Monotoga. Und wie heißt du?" „Ich, ich", stotterte Martin. „Ich heiße Martin." Das Monster erzählte weiter: „Ich lebe gewöhnlich auf einer Insel, da gibt es viele bunte Vögel. Sie fliegen sehr schnell, weil sie sehr leicht sind. Aber hier ist es ja wirklich sehr dunkel und wer war denn dieser sehr lange Herr, der mir in deinem Flur begegnet ist?"

a) Lies Karins Text laut vor.
Überlege, an welchen Stellen du ihn verbessern kannst.
Die folgenden Zeichnungen helfen dir:

← S. 16

| schnell | lang |
| leicht | dunkel |

b) Schreibe den überarbeiteten Text in dein Heft.
c) Ihr könnt mit diesen Adjektiven auch „Montagsmaler" spielen:
Sucht gemeinsam solche zusammengesetzten Ausdrücke, zeichnet und schreibt sie auf Folie und bildet sie mit dem Tageslichtprojektor ab.

2 Die folgenden Wörter sind schon auf dem Wege von Substantiven zu Adjektiven zu werden.
a) Ergänze sie, schreibe sie in dein Heft und nutze sie um das Aussehen der Vögel auf Monotogas Insel zu beschreiben:

tomaten ❊   himmel ❊
gras ❊   quitten ❊
pech ❊   himbeer ❊
königs ❊   schnee ❊

Schreibe so: *tomatenrot*

b) Malt solche Vögel. Schneidet sie aus und klebt sie alle auf einen großen Bogen Papier.

> Mit **Adjektiv** bezeichnet man eine **Wortart**.

| | Satzglieder: Attribute Objekte | 127 |

3 Monotoga beschreibt sein Haus im Inselparadies.

> *Ich beschreibe dir mein Haus.*
> *Es besitzt besonders kleine Fenster.*
> *Mein Häuschen hat niedrige Türen.*
> *Ich habe mir alte Möbel hineingestellt.*
> *Es ist ein gemütliches Häuschen.*

Frage nach dem
Subjekt:
Wer oder was …?

nach dem
Prädikat:
Was geschieht?

nach dem
Objekt im Dativ:
Wem …?

nach dem
Objekt im Akkusativ:
Wen oder was …?

a) Ordne die Sätze in eine Tabelle ein.

Subjekt	Prädikat	Objekt im Dativ	Objekt im Akkusativ
Ich	*beschreibe*	*dir*	*mein Haus*
…	…	…	…

b) Machmal ist ein Objekt oder das Subjekt ergänzt durch nähere
Angaben: *das Haus*   *das **alte** Haus*
                              ↑
                          Attribut

Schreibe aus Monotogas Beschreibung solche Angaben heraus.

> **Attribute** beschreiben ein Objekt oder ein Subjekt genauer.
> Ein Attribut kann aus einem Wort oder aus mehreren Wörtern
> bestehen, z. B.:
>   *Dort sitzt ein **riesiger** Hund.*
>   *Das ist ein **ganz besonders bissiges** Tier.*
> Das **Attribut** bleibt beim Umstellen der Satzglieder immer bei
> seinem Objekt oder beim Subjekt.

Das **Attribut** ist Teil eines **Satzgliedes** (Subjekt oder Objekt).

c) Stelle Pedros Sätze um.
Unterstreiche die Satzglieder mit verschiedenen Farben.

128 Satzglieder

Wer blickt durch?

1 Um Mitternacht klingelt bei Carla Holmes das Telefon.
Eine Frauenstimme berichtet aufgeregt:

← S. 41

Gegenüber von meiner Wohnung öffnen zwei Männer gewaltsam die Eingangstür eines Elektrogeschäftes. Ein dritter Mann wartet geduckt in einem Wagen mit laufendem Motor. Jetzt schleppen die beiden Gauner einen Fernsehapparat ins Auto. In diesem Moment fährt das Auto mit quietschenden Reifen los.

Achtung! Nicht alles passt in die Tabelle.

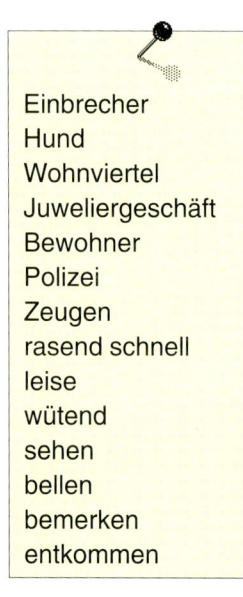

Kriminalkommissarin Carla Holmes geht sehr überlegt vor, wenn sie einen Fall löst. Sie fragt sich:
WER macht WAS oder WER hat etwas gemacht?
WANN geschieht es oder WANN ist es geschehen und WO?
WIE geschieht das oder WIE ist es geschehen?

a) Lege die folgende Tabelle in deinem Heft an. Trage die Antworten ein:

WER?	WAS?	WANN?	WO?	WIE?
das Telefon	*klingelt*	*um Mitternacht*	*bei Carla Holmes*	
eine Frauenstimme	*berichtet*			*aufgeregt*
...	...	...	...	...

Einbrecher
Hund
Wohnviertel
Juweliergeschäft
Bewohner
Polizei
Zeugen
rasend schnell
leise
wütend
sehen
bellen
bemerken
entkommen

b) Formuliere mit den Angaben auf dem Pinnzettel einen Zeitungstext. Schreibe ihn auf und unterstreiche die Satzteile, die aussagen, WER? etwas macht und WAS? WANN? WO? und WIE? geschieht.

c) Mit der Tabelle kannst du die Sätze leicht umstellen. Versuche einmal verschiedene Satzbaumuster im Text auszuprobieren.

Adverbiale Bestimmung 129

Dreister Raub – keine Beute

✽ drangen Diebe ✽ in den Kassenraum des „Comet-Supermarktes" in Altstadt ein. Die Gangster kannten sich ✽ aus. Sie öffneten ✽ den Tresor des Geschäftsführers. Die Alarmanlage meldete den Einbruch an die Polizei. ✽ staunten die Polizisten nicht schlecht. ✽ lag ein völlig zertrampeltes Plakat. Das fanden die Einbrecher offenbar als einzigen Gegenstand ✽ und hatten es ✽ zertrampelt und ✽ geworfen.

Wo?
Wann?
Wie?
Warum?

2 a) Lies den Text deinem Nachbarn/deiner Nachbarin vor und setze dabei an die Stelle der ✽ jeweils ein passendes Fragepronomen aus dem Pinnzettel ein. Jedes Fragepronomen kommt mindestens einmal vor.

b) Schreibe den Text in dein Heft und ergänze ihn durch passende Satzglieder, die Anworten auf die Fragepronomen geben.

Adverbiale Bestimmungen (Umstandsbestimmungen) erklären, **wann**, **wie**, **wo** oder **warum** etwas geschieht.

Adverbiale Bestimmungen			
des Ortes	der Zeit	der Art und Weise	des Grundes
antworten auf die Fragen:			
wo? woher? wohin?	wann? wie lange?	wie? auf welche Art und Weise?	warum? aus welchem Grund?

c) Welche adverbialen Bestimmungen hast du bei b) verwendet?

Relativsatz
Relativpronomen

Und wo finde ich die Bücher?

Otfried Preußler: Krabat
Hannelore Westhoff: Die schönsten Freundschaftsgeschichten
Joan Ariken: Geh, zügle den Sturm
Michael Ende: Momo
Astrid Lindgren: Ronja Räubertochter
Karl May: Winnetou

1 Rebecca hat den Weg zur Bibliothek gefunden, aber sie kennt sich überhaupt nicht aus. Also fragt sie die Bibliothekarin:

Ich habe hier einen Zettel mit Büchern. Die Bücher hat mir meine Lehrerin empfohlen. Wo finde ich das Buch mit dem Titel „Krabat"? Das Buch hat Otfried Preußler geschrieben. Und wo steht „Momo"? „Momo" ist von Michael Ende. Außerdem suche ich noch ein Buch von Hannelore Westhoff. Das Buch heißt „Die schönsten Freundschaftsgeschichten".

Relativpronomen:
der (welcher)
die (welche)
das (welches)

← S. 38

a) So spricht Rebecca bestimmt nicht. Bilde immer aus den beiden zusammengehörenden Sätzen einen neuen Satz, indem du Relativpronomen verwendest.

b) Schreibe die zusammengezogenen Sätze auf.

c) Vergleicht jeweils den zusammengezogenen Satz mit den Ausgangssätzen. Welches Satzglied wurde gestrichen?

Man kann zwei Sätze zusammenziehen, indem man ein **Relativpronomen** einsetzt und mit einem der beiden Sätze einen **Relativsatz** bildet, der durch ein oder zwei Kommas abgetrennt wird.
Beispiel:

*Ich kaufe mir gleich das Buch, **das ich im Schaufenster gesehen habe**.*
*Das Buch, **das ich im Schaufenster gesehen habe**, kaufe ich mir gleich.*

Achtung!
Zwischen dem Relativsatz und dem Wort, auf das er sich bezieht, steht immer ein Komma.

d) Versuche die Sätze von Aufgabe b) so umzustellen, dass der Relativsatz zwischen 2 Kommas in der Mitte steht.

2 Überlegt ein Rollenspiel, in dem Rebecca Fragen stellt und die Bibliothekarin erklärt, wie Rebecca die Bücher in den Regalen finden kann. Verwendet Relativsätze.

3 So war das im Wilden Westen
  1. Winnetou schlich sich an einen Bären an, der eine schussbereite Waffe in der Hand trug.
  2. Drei Tage später verfolgte der Indianerhäuptling einen verwundeten Büffel, der einen prächtigen Federschmuck auf dem Kopf hatte.
  3. Die weißen Trapper entdeckten Indianerspuren, die vorsichtig durch die Prärie ritten.
  4. Die Frau des Siedlers musste in einer einsamen Blockhütte wohnen, die oft weinte.
  5. Die Trapper verkauften ihre Felle an die Farmer, die sie vorher sorgfältig getrocknet hatten.
  6. Der gefangene Jäger wurde von den Sioux an einen Pfahl gebunden, der vor Angst zitterte.
  7. Sein Pferd sprang über das Buschwerk, das durchgegangen war.

Durch einfache Umstellung der Relativsätze kannst du die Missverständnisse richtig stellen. Schreibe die umgestellten Sätze auf. Unterstreiche die Relativsätze farbig.

Du weißt, dann müssen zwei Kommas in jedem neuen Satz stehen.

4 Und auch das sind Relativsätze:

..., der die ganze Nacht Wache gehalten hatte.

..., die am Fluss Wasser holen musste.

..., der den Bären erlegt hatte, ...

..., den er am Lagerfeuer wieder sah, ...

..., die den Freudentanz begann, ...

Schreibe eine Indianergeschichte, in der diese Relativsätze verwendet werden.

5 Kartenspiel

Schneidet aus starkem Papier für jeden Mitspieler sechs Spielkarten aus (5 cm breit und 8 cm lang) und beschriftet sie wie auf dem Beispiel mit Hauptsätzen und Relativsätzen. Zu jeder Spielgruppe gehört noch ein „Schwarzer Peter", das kann eine leere Karte sein.

Spielregel:
Mischt die Karten gut und gebt sie aus. Jeder zieht der Reihe nach vom Nachbarn eine Karte. Wer zwei Karten hat, die zusammenpassen, legt diese Karten offen auf den Tisch.
Wer zuerst keine Karten mehr hat, hat gewonnen.

| Der Häuptling fing einen Mustang, | der sehr schnell war. |

Das wird mit „**s**" geschrieben als
- **Artikel** vor einem Substantiv

oder als
- **Relativpronomen** am Anfang eines Relativsatzes (wo man es durch „**welches**" ersetzen kann).

6 Versucht das Spiel mit drei zusammengehörenden Karten, dann steht der Relativsatz in der Mitte zwischen zwei Kommas.

Schlüsselteil

S. 75
1. Loch
2. Strauch
3. Knecht
4. Buch
5. Teich

S. 75
Hallo Lisa! Ich denke an dich.
Kuss Emil

S. 86, Aufg. 3 b)

Hoffnung – hoffen	Fahrtüchtigkeit – tüchtig
Gemeinschaft – gemeinsam	Müllverbrennung – verbrennen
Ordnung – ordnen	Wagnis – wagen
Ereignis – ereignen	Gesundheit – gesund
Freiheit – frei	Warnung – warnen
Landschaft – Land	Vergangenheit – vergangen
Möglichkeit – möglich	Trunkenheit – trinken
Veranstaltung – veranstalten	Gesellschaft – gesellen

S. 87, Aufg. 4 a)

Mehrheit	Wachsamkeit	Endung	Verfolgung	Entdeckung
Sparsamkeit	Dankbarkeit	Finsternis	Ersparnis	Hindernis
Aufmerksamkeit	Dunkelheit	Erlaubnis	Wagnis	Ereignis
Gesundheit	Menschlichkeit	Führung	Bekanntschaft	Mitgliedschaft
Trockenheit	Ehrlichkeit	Lösung	Eigenschaft	Bereitschaft
Zufriedenheit	Freiheit	Versicherung	Landwirtschaft	Meisterschaft

S. 88, Aufg. 5 a)

vergeblich	hauptsächlich	fleißig	vorsichtig
schädlich	gesetzlich	spaßig	lästig
beweglich	brüderlich	hastig	nötig
wirklich	vorzüglich	ruhig	günstig
herbstlich	natürlich	rostig	neblig

S. 88, Aufg. 5 b)

haltbar	strebsam
scheinbar	duldsam
furchtbar	biegsam
sichtbar	aufmerksam
wunderbar	

S. 90, Aufg. 7

Herde	Pferde	Gegenden	Schmiede
Zweige	Kriege	Maßstäbe	Körbe
liegen	entscheiden	empfinden	betrügen
beladen	steigen	graben	schieben
leiden	verbinden	neiden	erfolgen
pflügen	vorschlagen	betreiben	stauben
elendes Gefühl	wunde Haut	spannendes Buch	fremdes Land
schräges Dach	kluges Kind	trübes Wasser	tauber Mann

S. 90, Aufg. 7	Bärte	Monate	Gebiete	Landwirte
	Bezirke	Geräte	Korken	Schränke
	bitten	anbieten	geraten	gelten
	treten	erschrecken	trinken	sinken
	streiken	tanken	trinken	funken
	gestalten	verraten	lenken	kalken
	buntes Kleid	zartes Gemüse	laute Musik	preiswertes Brot
	starkes Seil	welke Blume	blanker Pfennig	schlanke Säule
S. 97, Aufg. 4 d)	zierlich	schwierig		
	unterschiedlich	fiebrig		
	neugierig	friedlich		
S. 97, Aufg. 4 e)	sie roch – sie hat gerochen		sie floh – sie ist geflohen	
	es kroch – es ist gekrochen		sie verbot – sie hat verboten	
	er fror – er hat gefroren		er verlor – er hat verloren	

S. 98, Aufg. 5 a)
recken – schlecken – wecken – Stecken – Quecken – necken – schmecken …
zucken – gucken – schlucken – drucken …
Retter – Vetter – Bretter – netter – Wetter …
Zelle – Stelle – Quelle – Felle – Welle – Schwelle – Kelle – Zelle – Delle …
schnell – hell – Fell – Gestell – Modell …
Bett – Brett – Fett – Tablett – violett – nett …
matt – platt – Watt – satt …
Schlitz – Blitz – Sitz – Witz …

S. 100, Aufg. 11 a)	die Knospen sprießen	– Es sprossen die Knospen.
	in die Wade beißen	– Er biss dem Mann in die Wade.
	das Papier zerreißen	– Sie zerriss das Papier.
	den Vogel abschießen	– Er schoss den Vogel ab.
S. 100, Aufg. 11 b)	Ich messe …	Sie maß …	Ihr maßt die Länge.
	Ich vergesse …	Sie vergaß …	Ihr vergaßt den Pass.
	Ich entlasse …	Sie entließ …	Ihr entließt den Dieb.
	Ich esse …	Sie aß …	Ihr aßt die Klöße.
	Ich verlasse …	Sie verließ …	Ihr verließt das Haus.

S. 101, Aufg. 12	das Fass	– die Fässer
	der Fluss	– die Flüsse
	der Pass	– die Pässe
	der Schuss	– die Schüsse
	die Nuss	– die Nüsse

S. 101, Aufg. 15	Iltis	Atlas	Kürbis
	Bus	Zirkus	Globus

S. 104, Aufg. 18	Die beiden Freundinnen – bei schönem Wetter – Meine Schwester Dorothea – in einem Stück – zwanzig Eier in zehn Minuten – ihrer Freundin – die beiden Mädchen – eine Wette – drei Wochen – von seiner Ferienreise nach Holland – nach zehn Minuten – vier Eier – Zu seiner Entschuldigung – vor einer Viertelstunde – zwanzig Eier – zehn Minuten
S. 109, Aufg. 21 c)	Sie lächelten, träumten vor sich hin und vergaßen ihre Arbeit. Seitdem gab es wieder überall auf der Welt Wiesen, Bäume und Sträucher. Und die Kinder bestaunten die eifrig umherlaufenden Ameisen, die krabbelnden Käfer und die flatternden Schmetterlinge. Sie feierten ein großes Fest, kletterten auf die Baumäste und tanzten und sprangen herum.
S. 111, Aufg. 3	deutlich – beugen – Leuchte – Scheune – feucht – deutsch – Freund – Sprecher – setzen – Hecht – Recht – Grenze – Schmerz – Pelz
S. 112, Aufg. 4	(…) Oma sah den Riss in Kalles Hose und fragte: „Wer hat das getan? Wer hat dem Kalle seine beste Hose kaputtgemacht?" Ein paar Kinder waren schon weggerannt. Die übrigen sagten nichts. Kalle auch nicht. „Soll ich euch einzeln an den Ohren nehmen?", sagte Oma. Eines der Kinder sagte: „Das dürfen Sie nicht. Da werden Sie bestraft." Oma sagte: „Früher durfte man das und ich darf, was ich will." „Das ist nicht richtig", sagte Kalle. Oma wurde zornig. „Feige seid ihr", sagte sie. „Sie sind nicht feige. Die Hose ist einfach so zerrissen, beim Spielen", sagte Kalle. „Jetzt schwindelst du auch noch. Erst feige sein und dann lügen. Pfui Deibel!", sagte Oma. (…)
S. 112, Aufg. 5	sich entschieden – schwieg – blieb – hieß – trieb – bewiesen – schrie – geliehen
S. 114, Aufg. 11	geschah – erzählte – geliehen – zog – ermahnt – erwähnte – geflohen – empfahl – erzählte – geschehen – gestohlen

Text- und Bildquellenverzeichnis

Textquellen

S. 11   nach: Bärbel Kalmbach, Verzähl mir ebbes vo' früher. Hg. von der Stadt Dornstetten 1989, S. 5

S. 12   aus: Manfred Wetzel, Vom Mummelsee zur Weibertreu, Konrad-Theiss-Verlag, Stuttgart 1988, S. 322 f.

S. 17 f.   Waldrun Behnke, Die Hexe, aus: Hans J. Gelberg (Hg.), Die Erde ist mein Haus, Hb der Kinderliteratur, Bd. 4, Beltz & Gelberg, Weinheim 1988, S. 9–11

S. 50   A. H. Hoffmann von Fallersleben, aus: Gedichte und Lieder, im Auftrag der Hoffmann von Fallersleben-Gesellschaft. Hg. von Hermann Wendebourg u. Anneliese Gerbert, Hoffmann und Campe Verlag, Hamburg 1974

S. 52/53   Ernst Erd, Die forschende Künstlerin, aus: Georg Popp, Große Frauen der Welt, Arena Verlag, Würzburg 1980, S. 137–142 (gekürzt)

S. 55   Neudorf, Bio-Fibel, S. 91–93

S. 60/61   Mario Bolognese, Die Betonblume, aus: Georg Bydlinski, Hans Dameneger u. a. (Hg.), Macht die Erde nicht kaputt. Geschichten für Kinder über uns und unsere Welt, Herder & Co, Wien 1988 (3. Aufl.), S. 109

S. 80   Der Löwe und die Maus, aus: Fabeln des Aesop. Nacherzählt von Rudolf Hagelstange. Otto Maier Verlag, Ravensburg 1966, S. 56

S. 82, 83   A – Z, Wörterbuch ab Klasse 5, Cornelsen Verlag, Berlin 1996

Bildquellen

S. 11   Zeichnung: Katharina Wolff
S. 12   Foto: Jürgen Arnet, Dornstetten
S. 13   Foto: Jörg Wolf, Arnstadt
30–31   Sagaland-Spielbrett, Otto Maier Verlag, Ravensburg 1981
S. 33   Eine Biberburg im Auwald von Andreas Fischer-Nagel und Christel Schmitt, Titelabbildung: Irmtraut Teltau, © 1989 Deutscher Taschenbuch Verlag, München
rabat von Otfried Preußler, © K. Thienemanns Verlag, Stuttgart-Wien
Mein verlorenes Land von Huynh Quang Nhuong, Titelillustration: Jub Mönster, Deutscher Taschenbuch Verlag 1989
Die schönsten Freundschaftsgeschichten. Hg. von Hannelore Westhoff, Titelillustration: Barbara Rogge, Ravensburger Buchverlag Otto Maier GmbH, 1987
Wie verblüffe ich meine Freunde von Laurence Model u. Claude Delafosse, Titelillustration: Claude Delafosse, Editions Gallimaid, Paris
Lieber Bill, weißt du noch? von Norma Mazer, Titelillustration: Celestino Piatti, Deutscher Taschenbuch Verlag, München 1983

S. 34   Folgt immer dem Fluss von Marita Conlon-McKenna, © by K. Thienemanns Verlag, Stuttgart-Wien
Heinrichs Geheimnis von Jo Pestum, © by K. Thienemanns Verlag, Stuttgart-Wien

S. 35   Heinrich verkauft Friedrich, Uwe Kant, Titelillustration: Thomas Matheus Müller, © Elefanten Press Verlag GmbH 1993

S. 36   Wie in fremden Schuhen, Renate Welsh, Jungbrunnen, München/Wien 1983

S. 37   Zeichnung: Katharina Wolff

S. 48–49   Abbildung aus: Bilderbuch Nr. 7, Beltz Verlag, Weinheim und Basel 1974

S. 50–51   Fotos: Helga Lade Fotoagentur, Berlin

S. 52–53   Fotos: Thomas Ruchstuhl, aus: Aktion Schmetterling, Ravensburger Buchverlag Otto Maier GmbH, 1987

S. 54   Irmgard Lucht, Die Wiesenuhr © Verlag Heinrich Ellermann, München, 1982
Was blüht denn da? © Franckh-Kosmos Verlags-GmbH & Co, Stuttgart 1991
Titelillustration: Kaselow-Design, München unter Verwendung einer Aufnahme von Reinhard-Tierfoto
Aktion Schmetterling
© Ravensburger Buchverlag Otto Maier GmbH, 1987
Titelfoto: Thomas Ruckstuhl
Von der Raupe zum Schmetterling
© Ravensburger Buchverlag Otto Maier GmbH, 1989
Titelillustration: Luc Favreau
Wegweiser durch die Natur Schmetterlinge
Titelillustration: Colin Emberson
© Verlag Das Beste GmbH, Stuttgart 1989

S. 57   Foto: Dietmar Aichele aus: Was blüht denn da, Kosmos Naturführer, S. 107

S. 60   Foto: Silvia Hamberger, Gesellschaft für Ökologische Forschung, München

S. 74/75   Abbildung aus: Spaß mit Hieroglyphen, von Catherine Roehrig, Tessloff Verlag Nürnberg, 1991

S. 76   Fotos: 1. Bernd Kregel, Bonn, 2. Voller Ernst Fotoagentur (Fuhrig)

S. 77   Fotos: 1. Vollands komischer Fotokalender 1992 (Zweitausendeins), 2. Voller Ernst Fotoagentur, 3. Silvestris, Kastl./Obb.

S. 81   Fotos: Peter Kunz, Berlin
S. 117   Zeichnung: Katharina Wolff
S. 124/125   Fotos: Georg Zilliken, Baden-Baden

Redaktion: Eleonore Kunz, Rosmarie Volkersen
Technische Umsetzung: Uwe Wienprecht

1. Auflage ✔   Druck 6 5 4 3   Jahr 02 01 2000 99

Alle Drucke dieser Auflage können im Unterricht nebeneinander
verwendet werden.

© 1996 Cornelsen Verlag, Berlin
Das Werk und seine Teile sind urheberrechtlich geschützt.
Jede Verwertung in anderen als den gesetzlich zugelassenen Fällen
bedarf deshalb der vorherigen schriftlichen Einwilligung des Verlages.

Druck: CS-Druck Cornelsen Stürtz, Berlin

ISBN 3-464-60548-5

Bestellnummer 605485

gedruckt auf säurefreiem Papier, umweltschonend hergestellt aus chlorfrei gebleichtem Faserstoffen